예비 신자 궁금증 105가지

Julia Knopp, *Rund um den Glauben: 99 Fragen und Antworten*
illustrated by Rolf Bunse © Verlag Herder GmbH, Freiburg im Breisgau
2nd edition 2008 Weiß-Freiburg GmbH-Grafik & Buchgestaltung
All rights reserved.

This translation published by arrangement with Verlag Herder GmbH
through EYA Agency, Korea
Korean translation copyright © 2014 Catholic Publishing House

예비 신자 궁금증 105가지

2011년 9월 27일 교회 인가
2014년 1월 1일 초판 1쇄 펴냄
2024년 10월 28일 초판 18쇄 펴냄

글쓴이 | 줄리아 크노프
그린이 | 롤프 분제
옮긴이 | 조규홍
펴낸이 | 정순택
펴낸곳 | 가톨릭출판사
편집 겸 인쇄인 | 김대영
편집 | 박다솜, 강서윤, 김소정, 김지영
디자인 | 강해인, 정호진, 이경숙
마케팅 | 안효진, 황희진

본사 | 서울특별시 중구 중림로 27
등록 | 1958. 1. 16. 제2-314호
전자우편 | edit@catholicbook.kr
전화 | 1544-1886(대표 번호)
지로번호 | 3000997

ISBN 978-89-321-1341-8 03230

값 15,000원

성경 © 한국천주교중앙협의회 2005.
가톨릭 기도서 © 한국천주교중앙협의회 2018.

이 책의 한국어 출판권은 (주)이와이에이 에이전시를 통해 Verlag Herder GmbH와의 독점 계약으로
(재)천주교서울대교구 가톨릭출판사에 있습니다.
저작권법에 의해 보호를 받는 저작물이므로 무단 전재와 무단 복제를 금합니다.

가톨릭의 모든 도서와 성물은 '**가톨릭출판사 인터넷쇼핑몰**'에서 만나 보실 수 있습니다.
http://www.catholicbook.kr | (02)6365-1888(구입 문의)

구석구석 알려 주는
가톨릭교회의 내비게이션!

예비 신자 궁금증 105가지

줄리아 크노프 글 | 롤프 분제 그림 | 조규홍 옮김

가톨릭출판사

| 추천의 말 |

《예비 신자 궁금증 105가지》
출간을 기뻐하며

† 찬미 예수님,

일찍이 베드로 사도께서 당부하신 바 있습니다. "여러분이 지닌 희망에 관하여 누가 물어도 대답할 수 있도록 언제나 준비해 두십시오."(1베드 3,15)

그렇습니다. 우리 그리스도 신앙인은 다른 사람들에게 우리의 믿음과 희망을 사랑으로 대답할 의무를 지니고 있습니다. 또한 세상 끝까지 복음을 선포해야 할 사명을 주님으로부터 부여받았습니다. "너희는 가서 모든 민족들을 제자로 삼아, 아버지와 아들과 성령의 이름으로 세례를 주고 내가 너희에게 명령한 모든 것을 가르쳐 지키게 하여라."(마태 28,19)

그런데 우리는 그것을 잘 실천하지 못하고 있습니다. 마음은 간절하나 왠지 모를 쑥스러움 때문에 주춤거리고 있습니다. 믿지 않는 이들을 설득하고 자신이 믿고 있는 바를 표현하기가 어렵기도 합니다. 그들이 궁금해 하는 질문에 대해 명확하고 분명하게 설명해 줄 만큼 이론적으로 무장되어 있지 못하다는 것을 솔직하게 고백해야 할 것 같습니다.

요즈음 가톨릭교회와 프로테스탄트 교회는 신흥 종교 '신천지 교회'로 비상이 걸렸습니다. 신천지 교회가 위장 신자, 소위 '추수꾼'을 교회에 침투시켜 신자들을 현혹하고 교회를 분열시킨다는 것입니다. 그 주요 대상이 가톨릭 신자들이라는 것입니다. 그리고 실제로 상당히 많은 가톨릭 신자들이 '신천지 교회' 구성원을 이루고 있다고 합니다. 교리와 성경에 대하여 잘 알지 못하기 때문에 성경에 대해 박식한 것처럼 이야기하면 다 넘어간다는 것입니다. 그들의 전략 가운데 '궁금증 유발 멘트'라는 것이 있습니다. 성경의 의문을 풀어 주기보다는 포교 대상자에게 궁금증을 유발시켜서 다음 약속을 잡고 이를 지속적인 만남의 수단으로 사용하고 있답니다.

가톨릭 교리와 상식에 관한 좋은 책 한 권이 번역되었습니다. 가톨릭 신자든 신자가 아니든 가톨릭 교리와 교회에 대해 많은 점들을 궁금해합니다. 이 책은 예비 신자들만이 아니라 이미 신자이지만 이에 대해 잘 알지 못하는 분들에게 많은 것들을 알려 줍니다.

성경은 누가 기록하였을까?
'아멘'은 무슨 뜻일까?
천사는 날개가 있을까?
이 세상에는 교회가 얼마나 될까?
사제는 왜 결혼을 하지 않을까?
고해성사 내용은 왜 비밀일까?
……

이 책은 그리스도 신앙인들이 알아야 할 내용들을 성경, 믿음, 교회, 성사, 전례 등 다각적인 관점에서 잘 정리하여 질의응답의 대화 형식으로 쉽게 설명해 주고 있습니다. 이해를 돕는 그림과 흥미로운 교리 상식도 곁들여 있습니다.

소소한 부분까지 잘 알고 싶어하는 사람들에게 이 책은 많은 도움을 줄 것입니다. 사이비 종교의 유혹에 빠지지 않고, 세상 끝까지 복음을 선포해야 하는 선교 사명과 이웃에게 우리의 희망과 믿음과 사랑을 전하는 데 도움을 줄 것입니다.

여러분 모두에게, 특히 예비 신자들에게 이 책의 일독을 기꺼이 추천합니다.

2013년 11월 성 안드레아 사도 축일에
서울대교구 보좌주교 조규만 주교

주요 기도

성호경
〈십자 성호를 그으며〉
성부와 성자와 성령의 이름으로.
아멘.

주님의 기도
하늘에 계신 우리 아버지,
아버지의 이름이 거룩히 빛나시며
아버지의 나라가 오시며
아버지의 뜻이 하늘에서와 같이
땅에서도 이루어지소서!

오늘 저희에게 일용할 양식을 주시고
저희에게 잘못한 이를 저희가 용서하오니
저희 죄를 용서하시고
저희를 유혹에 빠지지 않게 하시고
악에서 구하소서.
아멘.

성모송
은총이 가득하신 마리아님, 기뻐하소서!
주님께서 함께 계시니 여인 중에 복되시며
태중의 아들 예수님 또한 복되시나이다.

천주의 성모 마리아님,
이제와 저희 죽을 때에
저희 죄인을 위하여 빌어주소서.
아멘.

영광송
〈밑줄 부분에서 고개를 숙이며〉
<u>영광이 성부와 성자와 성령께</u>
처음과 같이
이제와 항상 영원히.
아멘.

삼종 기도
○ 주님의 천사가 마리아께 아뢰니
● 성령으로 잉태하셨나이다.
   〈성모송〉

○ "주님의 종이오니
● 그대로 제게 이루어지소서!"
   〈성모송〉

○ 이에 말씀이 사람이 되시어
● 저희 가운데 계시나이다.
   〈성모송〉

○ 천주의 성모님, 저희를 위하여 빌어 주시어
● 그리스도께서 약속하신 영원한 생명을 얻게 하소서.

✝ 기도합시다.
   하느님, 천사의 아룀으로
   성자께서 사람이 되심을 알았으니
   성자의 수난과 십자가로
   부활의 영광에 이르는 은총을
   저희에게 내려 주소서.
   우리 주 그리스도를 통하여 비나이다.
◎ 아멘.

부활 삼종 기도
(주님 부활 대축일부터 성령 강림 대축일까지)

○ 하늘의 모후님, 기뻐하소서. 알렐루야.
● 태중에 모시던 아드님께서, 알렐루야.
○ 말씀하신 대로 부활하셨나이다. 알렐루야.
● 저희를 위하여 하느님께 빌어주소서. 알렐루야.
○ 동정 마리아님, 기뻐하시며 즐거워하소서. 알렐루야.
● 주님께서 참으로 부활하셨나이다. 알렐루야.

✚ 기도합시다.
　하느님, 성자 우리 주 예수 그리스도의 부활로
　온 세상을 기쁘게 하셨으니
　성자의 어머니 동정 마리아의 도움으로
　영생의 즐거움을 얻게 하소서.
　우리 주 그리스도를 통하여 비나이다.
◎ 아멘.

아침 기도
(십자 성호를 그으며)
✚ 성부와 성자와 성령의 이름으로.
◎ 아멘.

○ 하늘에 계신 우리 아버지,
　아버지의 이름이 거룩히 빛나시며
　아버지의 나라가 오시며
　아버지의 뜻이 하늘에서와 같이
　땅에서도 이루어지소서!
● 오늘 저희에게 일용할 양식을 주시고
　저희에게 잘못한 이를 저희가 용서하오니
　저희 죄를 용서하시고
　저희를 유혹에 빠지지 않게 하시고

악에서 구하소서.
◎ 아멘.

◎ 하느님, 저를 사랑으로 내시고
　　저에게 영혼 육신을 주시어
　　주님만을 섬기고 사람을 도우라 하셨나이다.
　　저는 비록 죄가 많사오나
　　주님께 받은 몸과 마음을 오롯이 도로 바쳐
　　찬미와 봉사의 제물로 드리오니
　　어여삐 여기시어 받아 주소서.
　　아멘.

✚ 우리 주 하느님께 권능과 영광
　　지혜와 굳셈이 있사오니
　　찬미와 감사와 흠숭을 영원히 받으소서.
◎ 아멘.

✚ 전능하신 하느님,
　　오늘도 저희 생각과 말과 행위를
　　주님의 평화로 이끌어 주소서.
◎ 아멘.

저녁 기도
(십자 성호를 그으며)
✚ 성부와 성자와 성령의 이름으로.
◎ 아멘.

✚ 주님, 오늘 생각과 말과 행위로 지은 죄와
의무를 소홀히 한 죄를 자세히 살피고
그 가운데 버릇이 된 죄를 깨닫게 하소서.
〈잠깐 반성한다.〉

◎ 하느님,
제가 죄를 지어
참으로 사랑받으셔야 할
하느님의 마음을 아프게 하였기에
악을 저지르고 선을 멀리한 모든 잘못을
진심으로 뉘우치나이다.
하느님의 은총으로 속죄하고
다시는 죄를 짓지 않으며
죄지을 기회를 피하기로 굳게 다짐하오니
우리 구세주 예수 그리스도의 수난 공로를 보시고
저에게 자비를 베풀어 주소서.
아멘.

○ 하느님, 하느님께서는 진리의 근원이시며
그르침이 없으시므로
계시하신 진리를
교회가 가르치는 대로 굳게 믿나이다.

● 하느님, 하느님께서는 자비의 근원이시며
저버림이 없으시므로
예수 그리스도의 공로를 통하여 주실
구원의 은총과 영원한 생명을 바라나이다.

○ 하느님, 하느님께서는 사랑의 근원이시며
　한없이 좋으시므로
　마음을 다하여 주님을 사랑하며
　이웃을 제 몸같이 사랑하나이다.

✝ 하늘에 계신 우리 아버지,
　오늘 하루도 이미 저물었나이다.
　이제 저희는 구세주 예수 그리스도를 통하여
　모든 천사와 성인과 함께 주님을 흠숭하며
　지금 이 순간까지 베풀어 주신
　주님의 사랑에 감사하나이다.
◎ 아멘.

✝ 전능하신 천주
　〈십자 성호를 그으며〉
　성부와 성자와 성령께서는
　저희에게 강복하시고 지켜 주소서.
◎ 아멘.

식사 전 기도

✚ 주님, 은혜로이 내려 주신 이 음식과
　저희에게 강복하소서.
　우리 주 그리스도를 통하여 비나이다.
◎ 아멘.

식사 후 기도

✚ 전능하신 하느님,
　저희에게 베풀어 주신
　모든 은혜에 감사하나이다.
◎ 아멘.

✚ 주님의 이름은 찬미를 받으소서.
◎ 이제와 영원히 받으소서.

✚ 세상을 떠난 모든 이가
　하느님의 자비로 평화의 안식을 얻게 하소서.
◎ 아멘.

| 차례 |

추천의 말 《예비 신자 궁금증 105가지》 출간을 기뻐하며 (조규만 주교) _ 4

주요 기도 _ 7

제1장 성경에 대한 궁금증

01 성경은 무슨 책일까? _ 22

02 성경을 누가 기록했을까? _ 24

    그림으로 보는 성경 줄거리 _ 27

03 성경은 처음부터 읽어야 할까? _ 31

04 구약 성경에는 어떤 내용이 담겨 있을까? _ 34

05 하느님은 이 세상을 일주일만에 창조하셨을까? _ 37

06 오경과 역사서는 어떤 책들일까? _ 40

07 시서와 지혜서란 무엇일까? _ 43

08 예언서나 묵시록은 미래를 점치는 책일까? _ 46

09 구약 성경의 배경은 왜 대부분 광야일까? _ 49

10 신약 성경은 무엇이 새로울까? _ 51

11 복음이란? _ 53

12 성경에서 중요한 구절은? _ 56

13 성경에서 보여 주는 예수님의 탄생은? _60

14 예수님은 누구실까? _63

15 사도들은 누구일까? _65

제2장 믿음에 대한 궁금증

16 종교란 무엇일까? _68

17 하느님의 존재를 증명할 수 있을까? _71

18 하느님은 자신을 어떻게 알려 주실까? _73

19 그리스도교 신자란 누구일까? _76

20 신자들은 무엇을 믿어야 할까? _78

21 '아멘'은 무슨 뜻일까? _80

22 예수님의 이름은 왜 두 개일까? _81

23 열두 제자는 어떤 사람들일까? _82

24 예수님은 하루 종일 무엇을 하셨을까? _84

25 예수님은 왜 기적을 행하셨을까? _86

26 예수님은 어떻게 기도하셨을까? _88

27 무엇이든 하느님께 청해도 될까? _90

28 예수님은 왜 돌아가셨을까? _92

29 예수님은 돌아가신 뒤 어디로 가셨을까? _96

30 십자가가 신자들에게 왜 중요할까? _99

31 신비, 즉 놀라운 비밀이란? _ 101

32 성령은 어떤 분이실까? _ 103

33 성모 마리아를 왜 공경할까? _ 105

34 묵주 기도는 어떻게 바칠까? _ 107

35 하느님께 직접 청하면 되는데, 왜 성모님이나 성인들께
    기도를 청할까? _ 110

36 나도 성인이 될 수 있을까? _ 112

37 천국은 어디에 있을까? _ 115

38 동물도 천국에 갈 수 있을까? _ 117

39 천사는 날개가 있을까? _ 118

40 지옥은 어떤 곳일까? _ 120

제3장 교회에 대한 궁금증

41 교회란 무엇일까? _ 124

42 어떤 성당에서는 왜 닭 장식을 할까? _ 126

43 성당에는 무엇이 있을까? _ 128

44 성당을 위에서 내려다보니…… _ 130

45 제대는 어디에 둘까? _ 132

46 감실은 왜 있을까? _ 133

47 미사드릴 때 왜 성가를 부를까? _ 135

48 성당 안에서 큰 소리로 이야기해도 될까? _ 137

49 성당에서는 왜 가끔씩 이상한 냄새가 날까? _ 139

50 이 세상에는 교회가 얼마나 될까? _ 140

51 공의회란 무엇일까? _ 143

52 교황은 무슨 일을 할까? _ 144

53 교황은 무슨 차를 타고 다닐까? _ 146

54 교황은 어떻게 선출될까? _ 147

55 교구란 무엇일까? _ 149

56 주교는 어떤 때 어떤 옷을 입을까? _ 150

57 주교는 어떤 일을 할까? _ 151

58 사제는 제의를 어디서 갈아입을까? _ 152

59 본당 공동체의 소명은 무엇일까? _ 154

60 복사는 어떤 일을 할까? _ 156

61 한 하느님을 믿는 갈라진 형제들 _ 157

62 가톨릭교회, 개신교, 정교회는 어떻게 다를까? _ 160

63 성당과 개신교 교회를 어떻게 구분할까? _ 163

제4장 성사에 대한 궁금증

64 성사란 무엇일까? _ 166

65 성사에는 몇 가지가 있을까? _ 168

66 세례성사를 받으면 무슨 일이 생길까? _ 170
67 견진성사는 언제 받을까? _ 173
68 영성체와 첫영성체는 똑같을까? _ 175
69 성체는 어떤 마음으로 영해야 할까? _ 177
70 고해소에서는 무슨 일이 일어날까? _ 179
71 고해성사를 보면 무엇이 좋을까? _ 184
72 고해성사 내용은 왜 비밀일까? _ 186
73 병자성사 때는 왜 기름을 바를까? _ 187
74 왜 혼인성사를 할까? _ 189
75 사제가 되려면 어떻게 해야 할까? _ 191
76 사제는 왜 결혼하지 않을까? _ 193
77 장례 예식은 왜 성사에 포함되지 않을까? _ 194

제5장 전례에 대한 궁금증

78 주간은 언제 생겼고 어떤 의미가 있을까? _ 196
79 교회의 특별한 날이란? _ 198
80 그리스도인의 하루는 언제부터 시작될까? _ 200
81 전례력이란 무엇일까? _ 201
82 촛불은 언제, 어디에 켤까? _ 205
83 사제는 언제 어떤 색깔의 제의를 입을까? _ 207
84 미사의 순서는? _ 210

85 강론이 지루하거나 어렵다면? _214

86 헌금은 어디에 쓰일까? _215

87 봉헌이란? _216

88 미사 때 취하는 동작들은 어떤 의미가 있을까? _218

89 무릎을 꼭 꿇어야 할까? _220

90 산타클로스도 가톨릭 성인? _221

91 대림 시기는 왜 매년 지낼까? _223

92 주님 성탄 대축일은 어떤 날일까? _225

93 성탄 구유는 왜 필요할까? _227

94 성탄을 어떻게 묵상할까? _229

95 사순 시기에는 왜 금식을 할까? _230

96 금식 중에는 아무것도 먹지 말아야 할까? _232

97 주님 수난 성지 주일에 성지로 무엇을 할까? _234

98 사제는 주님 만찬 성목요일에 왜 신자들의 발을 씻겨 줄까? _236

99 주님 수난 성금요일은 무슨 날일까? _238

100 파스카 성야 미사는 왜 특별할까? _240

101 부활 시기는 언제부터 언제까지일까? _242

102 예수님 부활을 상징하는 것은? _243

103 성령 강림 대축일에는 무엇을 기뻐할까? _246

104 성체 행렬은 왜 할까? _248

105 사람이 죽었을 때 어떤 기도를 바칠까? _250

제1장

성경에 대한 궁금증

01
성경은 무슨 책일까?

성경聖經은 '거룩한 경전'이라는 뜻이다. 영어로는 바이블Bible 인데, 이 말은 그리스어 '비블리아βιβλια'에서 왔다. 비블리아는 '책'을 가리키는 '비블로스βιβλος' 또는 '비블리온βιβλιον'의 복수 형태로 '책들'이라는 뜻이다. 따라서 성경은 한 권이 아니라 여러 권의 책을 말한다.

오늘날의 성경은 한 권으로 묶여 있지만, 실제로는 여러 책들을 모아 놓았기 때문이다. 자그마치 73권(구약 46권, 신약 27권)이나 되는 다양한 책들로 구성된 성경은 작은 도서관과도 같다.

성경은 크게 구약 성경과 신약 성경으로 나뉜다. 구약 성경에는 하느님과 그분의 백성이 함께 겪은 역사적 사건들에 관한 이

성경은 원래 '책들'이라는 뜻의 그리스어(비블리아)에서 왔다! 오래전부터 그리스도교 신자들은 '거룩한 경전經典'이라는 뜻으로 그렇게 불러 왔다.

야기, 수많은 기도, 하느님을 찬미하는 노래 등이 기록되어 있다.

구약 성경에서 하느님 백성은 이스라엘 사람들, 즉 오늘날의 유대인(가톨릭교회의 공용 성경인 《성경》에서는 유다인으로 표기됨)들을 가리킨다. 구약 성경은 하느님과 이스라엘 사람들이 맺은 계약과 구원의 약속에 대한 증언으로 되어 있다. 예수님도 유대인이셨다. 예수님은 다른 사람들에게 하느님 아버지와 당신의 관계를 설명하실 때 유대인들의 거룩한 경전인 구약 성경의 내용을 중심으로 말씀하셨다.

한편 신약 성경에는 예수님의 말씀과 행적, 죽음과 부활에 관해 전해 주는 복음서(마태오·마르코·루카·요한 복음서) 네 권과 교회가 어떻게 생겨나 성장했는지에 관해 전해 주는 '사도행전', 그리고 당시 교회의 지도자가 신자들에게 보낸 편지 등이 담겨 있다.

다시 말해 성경에는 하느님의 구원 역사가 기록되어 있다. 즉, 하느님은 끊임없이 죄를 짓는 인간을 내치지 않으시고 무한한 사랑을 주신다. 하느님의 모상대로 창조된 우리는 우리에 대한 하느님 사랑의 보답으로 성경 말씀처럼 하느님을 흠숭하고 이웃을 내 몸과 같이 사랑하며 살아가야 할 것이다.

02
성경을 누가 기록했을까?

성경의 가장 오래된 책들은 '파피루스'라는 갈대 줄기를 얇게 갈라 표면은 옆으로 뒷면은 세로로 늘어 놓고 전체를 강하게 눌러 말린 종이나 동물 가죽으로 만든 양피지 등에 기록되었다.

성경 중에서 가장 오래된 부분은 약 3000년 전에 기록되었다. 구약 성경은 가장 먼저 기록된 것부터 가장 나중에 기록된 것까지 약 1000년이라는 긴 세월이 걸렸다. 그래서 오늘날에는 누가 그 책들을 썼는지 알아내기가 쉽지 않다.

그야말로 수많은 사람들이 성경의 각 책들을 기록하는 데 힘을 보탰다. 어떤 이들은 역사적 사건들에 관한 이야기를 기록하고, 어떤 이들은 구원에 관한 약속을 자세히 소개하였다.

율법, 격언이나 지혜로운 가르침, 전례에서 바치는 기도문이나 찬미가, 이야기 등을 저마다 매우 다채롭게 기록하였다. 또 어떤 이들은 살아가는 데 중요했거나 전례에서 중요했던 기록만 모았다. 그리고 오랜 시간이 흐르면서 어떤 이는 그 내용을 더 자세히

> "하느님의 뜻에 따라 그리스도 예수님의 사도로 부르심을 받은 바오로와 소스테네스 형제가 코린토에 있는 하느님의 교회에 인사합니다."(1코린 1,1-2)

설명하는 등 점점 더 내용이 더 보태어져 늘어났고, 또 어떤 이는 비슷하거나 관련 있는 내용끼리 모으기도 했다.

이와 같은 기록들을 모아 정리하자 커다란 책 다발이 되었고, 오늘날의 성경은 그렇게 탄생하게 되었다.

성경에 속하는 책들 가운데서는 비록 자신이 직접 쓰지 않았더라도 책에 그의 이름이 붙어 있는 책도 있다. 예를 들면 예언서들에는 저마다 그 책의 중심 예언자의 이름이 붙지만, 대부분 그들의 제자들이 기록한 것으로 알려져 있다. 때로는 그 책에 등장하는 주요 인물의 이름이 책 제목이 되기도 했다. 성실하기로 소문난 욥의 믿음을 전하는 '욥기' 같은 책이 그러하다.

구약 성경뿐만 아니라 신약 성경에도 기록한 사람이라고 여겨지는 사람의 이름을 후대에 붙인 경우가 많다. 네 복음서의 이름은 그렇게 붙여졌다. 그런가 하면 바오로 서간의 경우는 편지를 받는 공동체(교회)의 이름을 그 서간의 이름으로 붙였다. 바오로 사도는 새로 생긴 교회에 많은 편지를 썼는데, 이는 오늘날 교구 내 본당을 관할하는 주교가 각 본당에 편지를 써 보내거나 교황이 전 세계 신자들에게 편지를 써 보내는 경우와 비슷하다.

신약 성경에는 예수님의 삶과 그분이 선포하신 복음을 기록한 책들이 있는데, 이를 '복음서'라고 한다. 복음서는 모두 네 권이다. 신약 성경도 구약 성경처럼 여러 사람들이 저마다 기록한 여러 책들로 되어 있다. 다만 구약 성경보다는 훨씬 더 짧은 기간에 완성되었고, 분량도 훨씬 더 적다. 물론 분량이 적다고 해서 신약 성경이 구약 성경보다 덜 중요하다는 뜻은 결코 아니다. 오히려 신약 성경이 구약 성경의 완성이라 할 수 있다.

신약 성경에도 역사적 사건에 관한 이야기, 전례 기도문, 찬미가 등이 반복해서 나오지만, 각 기록마다 짜임새 있게 다듬어져 있다. 신약 성경의 마지막 책은 '요한 묵시록'이다. 이 책은 이 세상이 끝나는 날에 과연 무슨 일이 벌어질지 묵시 문학적 방법으로, 즉 상징적으로 알려 주는 기록이다.

그러므로 오늘날의 성경이 나오기까지 수많은 사람들이 힘을 모았다고 할 수 있다. 이 성경 저자들은 하느님께서 보내신 성령을 통해 하느님 말씀을 기록하고 책으로 엮어 교회에 전해 주었다. 그러므로 하느님의 말씀이 인간의 언어로 기록된 것이 바로 성경인 것이다.

그림으로 보는 성경 줄거리

창조 때
모든 것이 처음 시작된 한처음에 하느님이 이 세상을 창조하셨다. 하느님은 당신이 만드신 모든 것을 보시고 "좋다!"라고 말씀하셨다.

기원전 1800년경
믿음의 조상 아브라함이 하느님의 부르심을 받아 메소포타미아 지역인 갈대아 우르에서 약속의 땅인 가나안을 향해 길을 떠났다.

기원전 1800~1600년경
아브라함은 이사악을, 이사악은 야곱을, 야곱은 열두 아들을 낳았다. 이 열두 아들이 나중에 이스라엘의 열두 지파가 되었다. 기원전 1700년경 이스라엘 씨족은 이집트로 가서 살았다.

기원전 1250년경
하느님은 이집트에서 종살이하는 이스라엘 백성을 불쌍히 여기시어 모세를 시켜 그들을 구해 주셨다. 그리고 시나이 광야를 지나 약속의 땅으로 인도하셨다.

기원전 1030~930년경
사울 임금을 시작으로 다윗 임금과 솔로몬 임금이 이스라엘을 다스렸다. 다윗 임금은 예루살렘을 수도로 정하고, 솔로몬 임금은 그곳에 하느님의 집, 즉 성전을 지었다.

기원전 933년
솔로몬 임금이 죽자 이스라엘은 북왕국 이스라엘과 남왕국 유다로 갈라졌다.

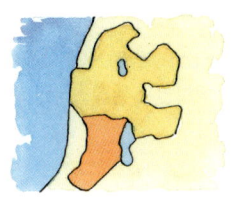

기원전 870~850년경
엘리야 예언자가 북왕국에서 활동하였다.

기원전 735년경
이사야 예언자가 남왕국의 수도 예루살렘에서 하느님의 부르심을 받아 예언자가 되었다.

기원전 721년
이웃 나라 아시리아가 북왕국을 멸망시켰다. 그리고 기원전 701년에는 남왕국의 수도 예루살렘마저 침공해, 남왕국은 결국 아시리아에 예속되었다.

기원전 587~538년
바빌론이 예루살렘을 점령하고 예루살렘 성전을 파괴하였다. 수많은 남왕국 유다 사람들이 노예로 끌려갔다. 이를 '바빌론 유배'라고 한다.

기원전 538년
페르시아의 키루스 임금이 바빌론을 무너뜨리면서 유배당했던 유대인들은 고국으로 되돌아갈 수 있었다. 고국에 돌아온 유대인들은 예루살렘에 성전을 재건했다.

기원전 332~140년경
그리스의 알렉산더 대왕이 지중해 연안 국가들을 점령하면서 팔레스타인 지역도 지배하였다.

기원전 250년경
히브리어(유대인의 언어) 성경을 그리스어로 번역하는 작업이 시작되었다(칠십인역 성경의 탄생).

기원전 167년

유다 마카베오가 군대를 조직하여 로마 침략자들에 맞서 싸웠다. 기원전 164년 12월에 예루살렘 성전을 정화하고 8일간의 축제를 지냈다. 이것이 성전 정화 축제의 기원이 되었다.

기원전 63년
로마의 폼페이우스 장군이 예루살렘을 정복하였다. 유대인들이 살던 땅인 팔레스타인은 로마 황제가 보낸 총독들이 기원후 330년까지 지배하였다.

기원전 6년경

우리가 알고 있는 연도와는 다르지만, 이 시기에 예수님이 태어나신 것으로 추정한다. 예수님은 열두 살 때 성전에서 (구약) 성경에 관해 율법 학자들과 이야기를 나누셨다.

기원후 27년경
예수님이 요르단 강에서 요한 세례자에게서 물로 세례를 받으셨다. 그 후 예수님은 제자들을 불러 모아 사람들에게 하느님 나라에 관해 가르치셨다.

30년

예수님은 파스카 축제를 지내러 예루살렘에 가시어 제자들과 함께 최후의 만찬을 드셨다. 그런 다음 붙잡혀 십자가형을 선고받으시고, 30년 4월 7일 금요일 오후에 돌아가셨다.

부활
예수님은 돌아가신 지 사흘 만에 제자들에게 나타나셨다. 그분을 뵙고 기운을 차린 제자들은 예수님이 바로 그리스도, 즉 구세주이심을 널리 알렸다. 하느님 아버지와 예수님이 보내신 성령께서 제자들을 도와 교회를 세웠다.

45년경
바오로 사도가 선교 활동을 펼치려고 길을 떠났다. 그는 로마, 그리스, 소아시아 지역에 여러 교회를 세우는 데 큰 역할을 하였다.

49년경
예루살렘에서 사도회의가 열렸다. 이 회의에서 사도들은 다른 민족들도 그리스도교 신자가 될 수 있다는 중요한 결정을 내렸다. 다른 민족들은 하느님의 백성이 될 수 없다는 구약 시대의 옛 규정이 바뀐 것이다.

50~120년경
신약 성경이 생겨났다.

70년
로마의 티토 장군이 예루살렘을 점령하여 성전을 파괴하였다. 그 후 성전은 재건되지 않았다. 유대인들은 또다시 예루살렘에서 쫓겨났다.

313년
그리스도교를 박해하던 로마 제국이 마침내 그리스도교를 받아들여 국교로 삼았다.

03 성경은 처음부터 읽어야 할까?

 **성경은 대부분 히브리어와 그리스어로 쓰였지만, 아람어(예수님 시대의 유대인의 언어)로도 일부 기록되었다!**

오늘날에는 다양한 언어로 성경을 읽을 수 있다. 예수님 시대에도 구약 성경이 히브리어에서 그리스어로 번역되어 전해졌다(예를 들면 '칠십인역 성경'이 있다).

그 후 그리스어로 된 신·구약 성경은 중세 시대의 교회 언어였던 라틴어로 번역되었는데, 이를 '불가타 성경'이라고 한다.

오늘날 미사 전례나 다양한 기도문에서 이 라틴어 번역의 독특한 말투를 많이 발견할 수 있다. 비록 서로 다른 언어로 성경을 읽고 기도문을 외더라도, 오래전 신앙인들의 정신을 그 표현과 말투에서 엿볼 수 있다.

성경을 꼭 처음(창세기)부터 읽어야 하는 것은 아니다. 성경은 총 1,328장 35,564절로 되어 있다. 그래서 구약 성경과 신약 성경을 모두 읽으려면 몇 년이 걸릴 수도 있다. 그러므로 관심이 있거나 흥미로운 부분을 찾아서 읽는 것도 좋다. 앞에서도 말했지만, 성경은 오랜 시간에 걸쳐 여러 책들을 모은 책 다발 또는 작은 도서관과 같다. 도서관에서 모든 책을 처음부터 차례차례 읽지 않는 것처럼, 성경도 필요한 부분

천지 창조

1 한처음에 하느님께서 하늘과 땅을 창조하셨다.
2 땅은 아직 꼴을 갖추지 못하고 비어 있었는데……
   위를 감돌고 있었다.

창세기
1,1-4

3 하느님께서 말씀하시기를 "빛이 생겨라." 하시자……
4 하느님께서 보시니 그 빛이 좋았다. 하느님께서……

책명(줄여서 '창세'로도 표기함) ↑ ↑
　　　　　　　　　　　 장 절

부터 찾아 읽을 수 있다. 예를 들면 예수님의 일생을 간략하게 순서대로 알고 싶으면 '마르코 복음서'부터 읽으면 좋다. 그리고 예수님의 탄생에 관해 자세히 알고 싶으면 '루카 복음서'를, 그중에서도 2장부터 읽으면 된다.

그런데 성경에서 어떤 이야기를 찾아보려면 먼저 성경 구절을 표시하는 방법을 알아야 한다. 그렇지 않으면 그 부분을 찾는 데 시간이 너무 오래 걸릴 수도 있기 때문이다.

다시 말해 성경 구절을 표시하는 '장'과 '절'을 이용하는 것이 좋다. 성경은 책 제목만으로 해당 부분을 찾기가 어렵다. 내용이 아주 길거나 짧은 책이 있기 때문이다. 성경은 판형에 따라 혹은 글자 크기에 따라 쪽수가 서로 달라서 여러 성경들을 나란히 놓고 찾아 읽는 것은 거의 불가능하다.

그러므로 쪽수보다는 장과 절 표시를 찾아 읽는 것이 훨씬 간편하다. 미사에서 봉독하는 독서와 복음도 이 방식을 따른다. 그래서 독서자가 "탈출기 20장 1-17절의 말씀입니다." 하고 먼저 알려 주면, 우리는 저마다 들고 있는 성경에서 장과 절로 그 부분을 얼른 찾을 수 있다. 영어 성경이든, 한국어 성경이든 상관없다. 그리고 장과 절 사이에는 쉼표(,)를 넣어 장과 절을 구분해 준다. 그리고 두 개 이상의 절은 줄표(-)를 넣어 표시한다.

성경 구절을 표시하는 장과 절에도 의미가 담겨 있다!

장은 어떤 이야기가 시작되어 끝나는 큰 단락이다. 그리고 절은 한두 문장으로 된 부분이다. 장은 약 800년 전부터 표시되었고, 절은 이보다 늦은 약 500년 전부터 표시되었다. 때때로 성경의 여러 책은 제목이 다소 길어서 제목을 간단히 줄여서 적는다. 예를 들면 바오로 사도가 '코린토 신자들에게 보낸 첫째 서간'은 '1코린'으로 줄여 적는데, 특히 괄호( ) 안에 표기할 때 그러하다.

04
구약 성경에는
어떤 내용이 담겨 있을까?

구약 성경에서 '구약'은 말 그대로 '옛 계약'이라는 뜻인데, 하느님과 이스라엘 백성이 맺은 계약을 말한다. 하느님은 구약 시대에 세 번에 걸쳐 사람들과 계약을 맺으셨다고 성경은 전해 준다.

첫 번째 계약은 '창세기'에 나오는데, 하느님이 노아와 약속하셨던 사건을 말한다. 대홍수가 끝날 무렵 하느님은 다시는 이 땅을 물로 쓸어 버리지 않겠다고 노아와 약속하셨다. 그리고 그 증표로 무지개를 보여 주셨다(창세 9,8-17).

오랜 세월이 흐른 후, 하느님은 아브라함을 부르시어 그를 통해 세상을 축복하시며 그와 계약을 맺으셨는데, 이것이 두 번째 계약이다(창세 15,18). 하느님은 아브라함이, 믿는 백성의 조상이 될 것이라고 약속하셨다. "하늘을 쳐다보아라. 네가 셀 수 있거든 저 별들을 세어 보아라. …… 너의 후손이 저렇게 많아질 것이다."(창세 15,5)

또 많은 세월이 흐른 후 하느님과 이스라엘 백성이 계약을 맺는데, '탈출기'에서 이에 대해 전해 준다. 하느님은 모세에게 이 약속에 대해 직접 말씀하셨다. 모세는 이스라엘 백성이 이집트에서 종살이할 때 태어나, 하느님의 부르심을 받고 그들의 지도자가 되었다. 하느님은 이스라엘 백성이 종살이에서 벗어나기를 바라셨기 때문이다.

이 계약에서 하느님은 이스라엘 백성과 함께하시며 항상 보호해 주겠다고 약속하셨다. 그리고 백성은 하느님 백성답게 살기 위해 모세를 통해 주신 십계명을 지키기로 하였다. 이 계약을 통해 이스라엘과 하느님의 관계가 유지된 셈이다.

"이제 너희가 내 말을 듣고 내 계약을 지키면, 너희는 모든 민족들 가운데에서 나의 소유가 될 것이다."(탈출 19,5)

이렇듯 하느님은 노아와 약속하셨고, 아브라함과 약속하셨으며, 마침내 이스라엘 백성과 약속하셨다. 이 세 가지 약속, 즉 계약은 구약 성경에서 가장 중요한 가르침이라고 할 수 있다.

그 밖에도 구약 성경에는 이스라엘 백성이 하느님과 함께 겪었던 여러 사건이 나온다. 그러나 모든 사건에서 공통적으로 알 수 있는 중요한 가르침은 계명이다. 이스라엘 백성이 계명을 잘 지킨다면 하느님께서 언제든 그들을 든든히 지켜 주실 것이다. 사실 이 계명은 하느님의 은총이라고 할 수 있다.

그리고 구약 성경에는 많은 기도문과 찬미가가 들어 있다. 또한 이스라엘 백성이 살아오는 동안 부르심을 받은 이스라엘의 임금들, 판관들, 예언자들의 이야기도 적혀 있다.

구약 성경

오경은 천지창조 때부터 모세가 약속의 땅을 바라보며 죽는 시점까지의 이야기를 전한다.

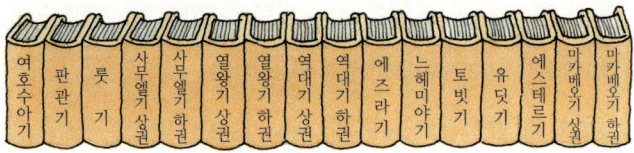

역사서는 이스라엘 민족이 약속의 땅에 정착하는 과정과 그 이후 국가를 세우고 살다가 멸망해 유배를 체험하고, 그 유배에서 돌아와 공동체를 이루고 살아가면서 겪은 역사를 담았다.

시서와 지혜서는 하느님의 가르침과 말씀에 대한 인간의 반응을 표현한 문학 작품이다.

예언서는 이스라엘 민족에게 사람들이 지은 죄와 하느님의 구원 의지를 알려 주는, 즉 하느님 말씀을 전한 예언자들의 책이다.

05
하느님은 이 세상을 일주일만에 창조하셨을까?

성경에서 가장 먼저 전해 주는 이야기는 하느님이 세상을 창조하셨다는 것이다. 이 이야기에 따르면 하느님은 세상을 7일 만에 창조하셨는데, 그중 사람은 여섯째 날에 창조하셨다.

과학자들은 이것이 불가능하다고 주장한다. 그들은 인간이 처음 이 땅에 나타나기까지 아마도 수억만 년 이상 걸렸을 것이라고 추정하기 때문이다. 그렇다고 성경의 창조 이야기가 아무렇게나 지어진 것이라고 말하지는 않는다. 성경은 과학적 진리가 아니라 신앙의 진리를 밝히는 책이기 때문이다.

과학 책의 경우 사람들은 그 책에 적힌 내용이 증명된 것인지 묻는다. 그러나 성경의 경우에는 이렇게 묻는 것이 곤란하다. 처음 세상이 창조될 때 하느님 외에 그 누구도 없었다. 여섯째 날에야 비로소 사람이 만들어졌다면, 그 누구도 천지 창조를 하느님 곁에서 지켜볼 수 없었을 것이다. 사실 성경에 기록된 표현은 다르게 살펴야 한다.

예를 들면 무슨 뜻으로 7일 창조를 말했는지 곰곰이 생각해야 한다. 다시 말해 천지 창조 이야기를 성경에서 읽으면서, '이 말이 무슨 뜻일까?', '이 이야기의 핵심은 무엇일까?', '이 이야기는 우리에게 무슨 메시지를 전하려는 걸까?' 하고 묻고 헤아려 봐야 한다.

하느님이 이 세상을 창조하실 때 모든 것 하나하나를 어떻게 생각하셨는지가 7일이라는 숫자보다 더 중요하다. 성경에는 하느님이 손수 만드신 모든 것을 보시니 좋았다고 기록되어 있다. 도대체 무슨 뜻일까? 사실 하느님은 지금의 우리도 만드셨다. 하느님은 우리 각자에 대해서도 이미 '좋다'고 말씀하신 셈이다.

모든 인간, 동물, 식물, 낟알 하나하나까지도 하느님께는 그토록 아름답고 소중하다는 것이다. 그래서 하느님은 우리의 머리카락까지 다 세어 두실(마태 10,30) 정도로 우리를 지극히 사랑하신다. 그러므로 외롭고 슬플 때 "괜찮다! 무슨 일이 있어도 슬퍼하지 마라! 너는 내가 사랑하는 사람이니, 너 자신을 소중히 여겨야 한다."라고 하느님은 말씀하신다는 사실을 반드시 기억해야 한다. 누구보다도 하느님 곁을 떠나 마음대로 살아가려는 사람들은 창조 이야기의 이 말씀을 꼭 기억해야 한다.

7일 동안의 천지 창조에는 특별한 의미가 담겨 있다. 즉 이 세상은 차례대로 만들어졌으니 질서 정연하게 움직인다는 것, 그리고 무엇보다도 그 질서의 주인은 이 세상을 만드신 하느님이라는 것이다. 그 질서로는 밤과 낮, 계속 반복되는 주간 등을 예로 들 수 있다. 인간은 제일 마지막에 창조되었다고 한다. 그때 하느님은 '당신의 모습'으로 사람을 만드셨다고 한다(창세 1,27). 그래서 사람은 누구나 소중한 존재며, 우리 모두 각자 맡은 중대한 소임을 다해야 함을 암시한다. 한마디로 말해 인간은 세상 만물의 으뜸으로서 책임감이 있어야 한다는 것이다. 그래서 하느님이 보시기에 모두 다 '좋게' 태어난 우리는 서로 조화를 이루며 살아야 하고, 다른 피조물들(동식물, 무생물 등)과도 잘 지내야 한다. 서로 소중하게 여기면서 아껴 줘야 하는 것이다.

성경에는 서로 다른 창조 이야기가 동시에 나온다!

하나는 하느님이 이 세상을 7일 만에 창조하셨다는 이야기다. 다른 하나는 사람을 창조하신 하느님이 그들에게 낙원을 돌보며 살아가라고 하셨다는 이야기다. 이 두 이야기는 하느님과 사람의 특별한 관계를 서로 '다르게' 표현한 것이지 잘못된 기록은 아니다.

06 오경과 역사서는 어떤 책들일까?

오경은 성경 맨 처음에 나오는 다섯 권의 책, 즉 창세기, 탈출기, 레위기, 민수기, 신명기를 말한다. 사람들은 보통 중요한 것을 앞세우는 경향이 있다. 성경도 그렇다. 그래서 구약 성경에서는 오경을 맨 앞에 두었고, 신약 성경에서는 복음서를 맨 앞에 두었다. 그러므로 오경이 구약 성경 중에서는 가장 중요한 책이라 해도 좋을 것이다.

예전에는 이 오경을 모세가 다 썼다고 생각하여 '모세 오경'이라고 불렀다. 하지만 성경을 연구한 학자들에 의해 이 다섯 권의 책을 모세가 쓰지 않았고 많은 사람들의 손을 거쳐서 오늘날과 같은 형태로 되었다는 사실이 알려졌다.

'창세기'는 온 세상과 사람을 만드신 분은 바로 하느님이시고, 사람은 하느님의 모상대로 창조되었다고 전해 준다. '탈출기'는 하느님이 이집트에서 종살이하던 한 민족(이스라엘)을 선택하여 그 종살이에서 해방시켜 자유인이 되게 하시고 그 민족과 계약을 맺으신 내용으로, 하느님은 그들의 하느님이 되시고 그들은 하느님의 백성이 된 이야기를 전해 준다. '레위기'는 하느님과 계약을 맺은 백성이 하느님께 예배드리는 백성이 된 이야기를 전해 준다. '민수기'는 하느님 백성이 어떻게 조직화되는지 그 과정을 이야기해 준다. '신명기'는 죽음을 눈앞에 둔 모세가 백성에게 한 유언과 같은 설교로 이루어져 있다.

이렇듯 오경은 세상의 창조와 이스라엘 민족의 창조를 이야기한다. 오경에 이어지는 책들은 역사서인데, 역사서는 이스라엘 민족이 약속의 땅에 정착하여 국가를 세우고, 하느님께서 그 국가 공동체의 지도자를 통하여 어떻게 다스리셨는지를 말해 준다.

역사서에는 이스라엘 역사를 보는 관점에 따라서 '신명기계 역사서'와 '역대기계 역사서'로 나눌 수 있다.

신명기계 역사서에는 여호수아기, 판관기, 사무엘기 상·하권, 열왕기 상·하권이 있다. '여호수아기'에는 하느님으로부터 약속된 가나안 땅을 선사받은 이야기가 담겨 있다. '판관기'에는 그 약속의 땅에서 적응하며 살아가는 이야기가 담겨 있다. '사무엘기 상·하권'에는 하나의 국가를 이루기 위해서는 임금이 필요함을 깨닫고 임금을 세워 하나의 나라로 안정시켜 가는 이야기가 담겨 있다. '열왕기 상·하권'에는 하나의 국가가 남왕국과 북왕국으로 나뉘어 멸망하기까지의 이야기가 담겨 있다.

역대기계 역사서에는 역대기 상·하권, 에즈라기, 느헤미야기, 마카베오기 상·하권 등이 있다. 이 역사서들은 바빌론 유배에서 돌아와 새로운 유대인 공동체를 세우면서 자신들의 시각에서 역사를 바라보면서 신명기계 역사가가 쓰지 않은 부분까지 보완해서 전체 역사를 썼다.

룻기, 토빗기, 유딧기, 에스테르기 같은 책은 역사서로 분류하지만 역사서라기보다는 교훈을 주는 단편 소설과 같은 책이다.

하느님이 우리에게 주실 약속의 땅은 하느님의 나라다!

하느님은 믿음의 조상 아브라함을 부르시면서 그에게 후손과 함께 땅을 약속하셨다. "내가 너에게 보여 줄 땅으로 가거라."(창세 12,1) 그리고 기회 있을 때마다 그 약속을 되풀이하셨고, 또 그 후손들에게도 계승되었다. 그래서 이집트에서 종살이하는 히브리인(이스라엘인)들에게도 "저 좋고 넓은 땅, 젖과 꿀이 흐르는 땅"(탈출 3,8)으로 데려가겠다고 약속하신 후 그 약속이 마침내 실현되었다. 역사서에는 이 약속이 어떻게 성취되는지 잘 말해 준다. 유대인은 하느님과의 약속을 잘 지키지 못해 그 약속의 땅을 잃기도 했다.

하느님은 우리에게도 약속의 땅을 주실 것이다. 하느님이 우리에게 주실 약속의 땅은 어디일까?

07 시서와 지혜서란 무엇일까?

'시서와 지혜서'는 하느님을 믿으며 사람들과 함께 살아가는 지혜에 관해 가르쳐 준다. 그래서 시서와 지혜서를 통해 우리는 다른 이들과 더불어 하느님 곁에서 살아가는 올바른 방법을 배울 수 있다.

'욥기'도 지혜서에 포함되는데, 이 책에서는 '욥'이라는 훌륭한 사람 이야기가 소개된다. 어느 날 갑자기 욥에게 큰 불행이 잇따라 닥쳤지만, 그는 끝까지 하느님을 믿고 의지하였다. 결국 굳센 믿음 덕분에 그는 이전보다 더 큰 복을 받는다.

대표적 시서인 '시편'에는 약 150편의 길고 짧은 시들이 적혀 있다. 이 시들에는 하느님께 드리는 기도가 많다. 구약의 유대인은 물론 신약의 그리스도교 신자들과 오늘날의 우리도 시편을 전례에서 읽거나 노래한다. 우리는 시편을 통해, 모든 것에 관해 하느님과 이야기할 수 있다는 사실을 알 수 있다.

시편은 하느님께 감사하고 그분을 찬미하는 시뿐만 아니라 그분에 대해 의심이 들거나 누군가에 대해 분노가 치밀어오르거나 증오심이 불탈 때까지도 그분과 이야기할 수 있다는 것을 알 수 있다. 또한 하느님께 호소하고 도움을 청하는 노래와 기도도 엿보인다. 그중에서도 시편 23편은 가장 널리 알려지고 또한 가장 아름다운 시로 손꼽힌다. 어려움에 처한 많은 이들이 시편의 다음 구절에서 위로받고 희망을 찾았다고 한다.

"주님은 나의 목자, 아쉬울 것 없어라. 푸른 풀밭에 나를 쉬게 하시고 잔잔한 물가로 나를 이끄시어 내 영혼에 생기를 돋우어 주시고……."(시편 23,1-3)

시서에 속하는 또 다른 시 '아가'는 사랑하는 남녀가 서로 주고받은 편지를 모아 놓은 것과 같다. 이 책에서 우리는 하느님은 연인이 열렬히 사랑하는 것보다 더 많이 우리를 사랑하신다는 사실을 알 수 있다.

'잠언'은 옛 격언을 모아 놓은 책이다. 그 격언은 대부분 우리가 살아가면서 기억하면 좋을 것이다.

'코헬렛'은 이 세상에서의 성공과 행복을 추구하는 것이 덧없는 것임을 깨닫고 주님을 경외하며 그분 안에서만 행복을 찾아야 한다고 가르쳐 준다.

'지혜서'는 무엇보다도 참된 '지혜'가 무엇인지 우리에게 질문을 던져 가면서 친절하게 설명해 준다.

마지막으로 '집회서'는 살아가는 데 잊지 말아야 할 정신이나 모범적 행동에 관해 가르쳐 준다.

 **오늘날에 사용하는 여러 격언이나 속담이 이미 성경에 나와 있다!**

예를 들면 "제 꾀에 제가 넘어간다."라는 속담은 "함정을 깊숙이 파 놓고서는 제가 만든 구렁에 빠진다."(시편 7,16)라는 성경 구절에서 찾아볼 수 있다.

08
예언서나 묵시록은 미래를 점치는 책일까?

　이스라엘 백성에게는 항상 예언자들이 있었다. 하느님이 당신의 뜻이 무엇인지 백성에게 전해 줄 예언자를 뽑는 데에는 남녀를 가리지 않았다. 특히 백성이 그릇된 길로 갈 때, 예언자들은 하느님의 심판 말씀을 전하며 그들의 잘못을 깨우쳐 주었다. 또한 바빌론 유배와 같은 매우 힘든 시기에는 백성에게 하느님의 구원 약속을 전해 줌으로써 희망을 심어 주었다. 아울러 어려움을 겪는 이스라엘 백성에게 하느님이 이미 약속하신 구세주를 반드시 보내 주실 것이라고 알리면서 용기를 주었다.
　예언자들은 때때로 다른 민족들에게도 올바른 마음을 지니라고 가르쳤다. 그들은 사람들에게 "너희가 하느님 말씀에 귀를 막아 버린다면, 매우 끔찍한 일이 벌어질 것이다." 하고 외쳤다.
　이처럼 예언자들은 앞으로 생길 일도 미리 알려 주었지만, 그렇다고 해서 그들이 미래를 점치는 점쟁이는 아니었다. 그들은 하느님의 말씀을 대신 전해 주었다.
　또한 일기 예보를 전하는 기상 캐스터와도 달랐다. 예언자들은 예측해서 말하는 것이 아니기 때문이다. 그들은 모두 하느님께서 보내신 사람들로 하느님이 전하라고 명령하신 말씀만 전한다. 그래서 예언자를 하느님의 '전령'이라고도 한다. 이처럼 하느님은 예언자를 통해 백성에게 말씀하신 것이다.

성경에서 가장 중요한 예언자로 이사야 · 예레미야 · 에제키엘 예언자를 손꼽을 수 있다. 이 세 사람을 대예언자라고 하는데, 그들의 이름으로 된 예언서의 분량이 많기 때문에 그렇게 부른다. 그 밖에 엘리야도 중요한 예언자다. 비록 엘리야란 이름이 붙은 책은 없지만, 열왕기 상권(17-19장)에서 그에 대해 알 수 있다.

또한 열두 소예언자(호세아, 요엘, 아모스, 오바드야, 요나, 미카, 나훔, 하바쿡, 스바니야, 하까이, 즈카르야, 말라키)도 있다. 대예언자들보다 덜 중요해서가 아니라, 그들의 이름이 붙은 책의 분량이 대예언자들의 책에 비해 훨씬 짧기 때문에 소예언자라고 한다.

> **예언자들은 대부분 처음에는 자신이 맡은 예언 활동을 하지 않으려고 하였다!**
>
> 예를 들면 예레미야 예언자는 하느님께 "아, 주 하느님 저는 아이라서 말할 줄 모릅니다."라며 예언자가 되기를 거절하였다. 요나 예언자도 하느님이 니네베에 가서 예언직을 수행하라고 하시자 일부러 그 반대편으로 도망쳤다. 그러나 예언자들은 결국 하느님의 뜻을 따라 예언 활동을 완수했다.

신약 성경의 마지막 책은 '요한 묵시록'이다. 요한은 이 세상의 마지막 날에 무슨 일이 생길지 미리 내다보았다. 이를 '환시'라고 하는데, 요한은 자신이 보았던 환시를 상징적으로 설명하였다. 그러나 안타깝게도 우리는 이를 금방 알아들을 수 없다. 사실 요한 묵시록의 많은 부분은 좀 더 고민해서 풀어야 할 수수께끼처럼 그 뜻이 분명하지 않다. 그러나 이 책이 우리에게 세상의 마지막 날까지 변함없이 하느님을 믿도록 격려하는 것만은 분명하다. 이 책은 하느님이 저 마지막 날에도 어김없이 '세상을 다스리실 유일한 임금'이시라고 계속 전해 주기 때문이다.

요한 묵시록은 편지 형식으로 시작하고 끝맺는데, 소아시아(아시아의 서단부, 흑해와 마르마라해, 에게해, 지중해에 둘러싸인 반도로 터키의 대부분을 차지하며 예로부터 아시아와 유럽을 잇는 중요한 통로였다)의 일곱 교회에 보낸 편지들을 한데 모은 것이기 때문이다. 이 책이 쓰일 당시에는 소아시아의 일곱 교회가 주변 국가와 다른 민족들에게서 박해받은 것으로 보인다.

요한 묵시록은 파트모스 섬에서 기록되었다!
이 섬은 오늘날 그리스에서 가장 손꼽히는 여름 휴양지이기도 하다.

09 구약 성경의 배경은 왜 대부분 광야일까?

하느님이 이스라엘 백성에게 약속하신 곳을 성경에서는 '젖과 꿀이 흐르는 땅'이라 부른다. 이 땅은 요르단 강을 중심으로 동서로 나뉜다. 서쪽은 지중해에서 불어오는 비구름의 영향으로 물이 풍부하고 날씨가 좋아 비옥한 편이다. 그러나 동쪽은 서쪽과 달리 너무 메말라서 사람이 거의 살지 않는다.

모세는 이스라엘 백성을 이집트에서 구해 약속의 땅으로 이끌

었다. 이 여정은 무려 40년이나 걸렸는데, 광야를 거쳐야 했기 때문이다(신명 1-3장). 광야를 지나면서 이스라엘 백성은 하느님이 어떤 분이신지 제대로 깨닫게 되었다. 하느님은 모세에게 나타나시어 이스라엘 백성과 계약을 맺으셨다(탈출 24장). 이 계약과 더불어 중요한 사건들이 광야에서 많이 벌어졌다.

엘리야 예언자는 바알(거짓 신)의 예언자들을 죽인 일 때문에 바알을 섬기는 이제벨 왕비가 자신을 죽이려고 하자 광야로 피신했다(1열왕 19장). 그곳에서 하느님이 엘리야에게 나타나시어 그가 할 일을 정해 주셨다. 요한 세례자도 광야에 살면서 사람들에게 회개하라고 가르치고 물로 세례를 주었다. 예수님은 광야의 외딴 곳에서 기도하셨고, 그곳에서 악마에게 유혹을 받기도 하셨다.

광야는 고통의 장소면서 희망의 장소다. 즉 위험이 도사리는 곳이면서 하느님이 함께하시는 곳이다. 그래서 외로운 곳이기도 하지만 축복받은 곳이기도 하다. 그래서 예로부터 많은 이들이 속세의 삶을 벗어나려 할 때 광야로 들어가 살았다고 한다. 하지만 광야에서는 물이나 먹을 것을 구하기 어렵기 때문에 사람이 살기 무척 힘들다. 그래서 그곳에서는 하느님이 도와주시지 않으면 도저히 살아갈 수 없다. 광야에서는 그렇게 하느님께 모두 의지하고 하느님의 뜻에 따라서만 살 수 있다. 그런 일을 경험해 본 사람은 어디서든 하느님과 떨어질 수 없을 만큼 단단히 묶여 있다. 이를 '하느님과의 일치'라고 한다.

10
신약 성경은
무엇이 새로울까?

　신약 성경도 아주 오래전 상당한 기간에 걸쳐 만들어졌다. 한두 권 정도를 빼고는 모두 예수님이 돌아가신 지 얼마 지나지 않아 기록되었으니, 약 2000년 전에 만들어진 셈이다.

　그리스도교 신자들은 하느님께서 이스라엘 백성과 맺은 계약 즉, '옛 계약'을 기록한 책이라는 뜻으로 '구약 성경'이라고 부르고, 예수님이 오신 후 예수님을 통해 하느님과 맺은 계약, 즉 '새로운 계약'을 기록한 책이라는 뜻으로 '신약 성경'이라고 부른다. 예수님이 돌아가시고 부활하심으로써 하느님과 우리를 새로운 계약으로 맺게 해 주셨기 때문이다. 그래서 예수님을 '하느님께 나아가게 해 주는 길'이라고도 말한다(요한 14장).

　신약 성경에는 네 권의 복음서 이외에도 사도행전과 스물한 개 서간과 요한 묵시록이 있다.

신약 성경

복음서(4권)는 신약 성경에서 가장 중요한 책으로, 예수님의 가르침과 생애, 그리고 그분의 죽음과 부활에 관해 적혀 있다.
*마태오 복음서, 마르코 복음서, 루카 복음서, 요한 복음서

사도행전은 최초의 그리스도인들이 누구였으며, 그들이 복음을 어떻게 전파했고 그리스도교회가 어떻게 성장해 갔는지 전해 준다.

서간들은 대부분 바오로 사도와 초대 교회의 그리스도교 신자들이 기록하였다. 그리고 서간들에는 대부분 개인이나 공동체에 보낸 편지로, 신앙생활을 하는 데 필요한 조언과 교훈이 적혀 있다.

바오로 서간(10권)
* 로마 신자들에게 보낸 서간
  코린토 신자들에게 보낸 첫째 서간
  코린토 신자들에게 보낸 둘째 서간
  갈라티아 신자들에게 보낸 서간
  에페소 신자들에게 보낸 서간
  필리피 신자들에게 보낸 서간
  콜로새 신자들에게 보낸 서간
  테살로니카 신자들에게 보낸 첫째 서간
  테살로니카 신자들에게 보낸 둘째 서간
  필레몬에게 보낸 서간

사목 서간(3권)
* 티모테오에게 보낸 첫째 서간
  티모테오에게 보낸 둘째 서간
  티토에게 보낸 서간

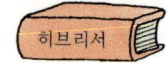

* 히브리인들에게 보낸 서간

가톨릭 서간(7권)
* 야고보 서간, 베드로의 첫째 서간, 베드로의 둘째 서간, 요한의 첫째 서간, 요한의 둘째 서간, 요한의 셋째 서간, 유다 서간

특정 공동체나 개인에게 보내지 않고 교회 전체에 회람용으로 보냈기 때문에 가톨릭 서간을 공동 서간 또는 보편 서간이라고도 한다.

요한 묵시록은 박해로 고통받고 있는 교회를 위로하며 이 세상의 마지막 날에 관해 성경 저자가 본 환시를 전해 준다.

11 복음이란?

미사에서 복음서를 봉독할 경우 사제나 부제가 먼저 "(   )가 전한 거룩한 복음입니다." 하고 말한다. '복음'이란 '복된 소식' 또는 '기쁜 소식'이라는 뜻이다. 신약 성경에는 네 권의 복음서가 있는데, 각 복음서는 네 복음사가(마태오, 마르코, 루카, 요한)가 각각 기록하였다고 전해 온다.

네 복음서에서 네 명의 복음사가는 저마다 다른 목소리로 복음을 전하는 만큼 서로 같거나 다르게 설명하는 부분이 있다. 그렇지만 네 복음사가는 예수님의 생애와 죽음과 부활을 전하면서 그분을 그리스도, 즉 구세주로 고백하는 점만은 같다.

> **복음서의 가르침을 각각 다른 표현으로 더 많이 알 수 있다!**
>
> 어떤 사건을 여러 명이 보면, 보는 각도에 따라 각각 다르게 전하곤 한다. 네 복음서도 마찬가지로 각 복음사가마다 같은 사건을 조금씩 다르게 전한다. 물론 네 권의 복음서가 모두 예수님에 관한 증언이라는 중요한 점은 변함없다. 오히려 네 복음사가의 다양한 증언들을 통해 하느님의 아드님이신 예수님이 우리를 구원하러 이 세상에 오셨다는 복음, 즉 '기쁜 소식'을 좀 더 풍성하게 전해 들을 수 있다.

네 복음서 중 마태오·마르코·루카 복음서는 서로 일치하는 내용이 아주 많다. 이를 '공관 복음서'라고 부른다. 요한 복음서 역시 예수 그리스도에 관한 복음을 전하지만 그 구성과 문체가 공관 복음서와 다르게 나타난다. 또한 공관 복음서에 비해 예수님의 행적을 적게 전하기는 하지만 공관 복음서에서 전하지 않은 사실들도 전해 준다. 이렇게 조금씩 서로 다른 복음서들은 저마다 예수님에 관한 '색다른' 증언을 전해 주기에 특별하다고 할 수 있다.

좀 더 자세히 말하면 네 복음서는 '예수님이 하느님의 아드님' 이심을 믿는 이들의 증언이다. 그들은 실제 있었던 사건들에 관해 자신들이 들은 것을 신자들에게 그대로 전해 주려고 애썼다. 그런 점에서 복음서는 분명 지어낸 이야기가 아니다.

또한 복음서는 일어났던 사건을 전하는 '소식'뿐만 아니라 '어떻게 그런 일이 생겼는지', '그 일이 무슨 의미인지'를 차근차근 설명해 준다. 예를 들면 복음서들은 예수님의 말씀과 행적을 기록하면서도 예수님이 하느님의 아드님이시라는 믿음도 함께 전해 주는 것이다.

한편 성경은 거룩한 사람들 즉, 성령의 은총을 가득 받은 이들이 기록하였다고 한다. 그래서 성경을 쓴 사람이 성경 저자이기도 하지만 그들에게 성령을 가득히 주신 분은 하느님이시므로 성경의 원래 저자는 하느님이시라고도 할 수 있다.

12
성경에서 중요한 구절은?

만일 유대인이든 그리스도인이든 구약 성경에서 가장 '좋아하는' 구절을 묻는다면, 대답은 제각각일 것이다. 그렇지만 가장 '중요한' 구절, 즉 우리의 신앙을 위해, 또 우리가 살아가는 데 가장 중요한 가르침이 담긴 성경 구절을 묻는다면, 많은 사람들은 신명기의 다음 구절을 꼽을 것이다. "이스라엘아, 들어라! 주 우리 하느님은 한 분이신 주님이시다. 너희는 마음을 다하고 목숨을 다하고 힘을 다하여 주 너희 하느님을 사랑해야 한다."(신명 6,4-5)

구약 성경에 처음 나오는 창조 이야기도 중요하고 이스라엘이 종살이에서 해방되는 이집트 탈출 이야기도 중요하다. 그 밖에 이사야 예언자가 전하는 하느님 말씀이나 신앙인들이 특별히 좋아하며 노래하는 시편 구절도 중요하다고 할 수 있다.

사실 성경의 모든 말씀이 다 중요하다. 하지만 그중에서도 특히 구약 성경에서는 십계명이 매우 중요한 말씀이라 할 수 있다. 탈출기 20장 1절부터 17절까지와 신명기 5장 6절부터 21절까지에서 십계명에 관해 전해 준다.

 구약 성경의 첫 번째 책인 창세기부터 다섯 번째 책인 신명기(모세 오경)까지 모두 613개 율법이 적혀 있다!

그 율법 규정들은 주로 하느님을 흠숭하기, 사람들 간 올바로 살아가기와 관련한다. 십계명은 이 많은 규정을 열 가지로 요약한 것이다.

1. 한 분이신 하느님을 흠숭하여라.
2. 하느님의 이름을 함부로 부르지 마라.
3. 주일을 거룩히 지내라.
4. 부모에게 효도하여라.
5. 사람을 죽이지 마라.
6. 간음하지 마라.
7. 도둑질을 하지 마라.
8. 거짓 증언을 하지 마라.
9. 남의 아내를 탐내지 마라.
10. 남의 재물을 탐내지 마라.

신약 성경에서는 산상 설교(마태 5~7장)와 관련한 구절이 매우 중요하다. 여기에서 예수님은 산에 모인 사람들에게 하느님의 뜻을 하나씩 전해 주시는데, 하느님을 믿는 신앙인들이 어떻게 살아야 하는지 알려 주시기 때문이다. 산상 설교의 핵심은 '참행복'

으로, 이 말씀은 사람들의 생각을 완전히 바꾸어 놓았다.

예를 들면 참행복은 "행복하여라, 마음이 가난한 사람들! 하늘 나라가 그들의 것이다."(마태 5,3) 하고 가르친다. 이는 돈이 많은 부자가 행복할 것이라는 일반적인 생각과 전혀 다르다.

또한 '주님의 기도'(마태 6,9-13; 루카 11,2-4)도 신약 성경에서 매우 중요한 구절이다. 이 기도는 그리스도인이 바쳐야 할 모든 기도 가운데 으뜸이다.

요한 복음서는 이해하기가 쉽지 않지만 매우 중요한 내용이 들어 있다. 특히 1장에 나오는 찬미가가 그렇다. 요한 복음사가는 이 찬미가에서 예수님이 하느님과 어떤 관계인지 설명해 준다. 곧 예수님은 하느님 말씀으로서 이미 태초부터 하느님과 함께 계셨으니, 하느님과 같은 분이라고 노래한다.

이 밖에도 신약 성경에서는 예수님의 탄생 이야기, 예수님의 죽음과 부활에 관한 이야기, 예수님의 기적과 비유에 관한 중요한 말씀들이 담겨 있다.

그 이외 바오로 사도가 보낸 서간에서는 교회의 바른 모습에 대한 중요한 가르침을 얻을 수 있다.

그리고 성모님이 예수님을 잉태하였을 때 바치셨던 기도문(루카 1,46-55)도 매우 아름다워서 신앙인들이 즐겨 외운다. 이 기도문은 마리아의 노래, 즉 '마니피캇manificat'이라고도 하는데, 이 기도문에는 온 이스라엘의 희망이 담겨 있다. 하느님이 약속을 끝까지 지키셔서 마침내 세상에 구세주를 보내 주신 것을 기뻐했기 때문이다. 성모님은 당신이 잉태한 아기가 바로 구세주시라는 사실을 조금도 의심하지 않으셨다.

이 기도문의 이름 '마니피캇'은 라틴어로 '찬송하다'라는 뜻이다. 이 제목은 "내 영혼이 주님을 찬송하고"(루카 1,46)로 시작하는 기도문의 라틴어 첫 글자를 따온 것이다. 이토록 찬송하는 이유는 뒤에 적혀 있다. 하느님은 "당신 종의 비천함을 굽어보셨기 때문입니다. …… 나에게 큰일을 하셨기 때문입니다."(루카 1,48-49)

13
성경에서 보여 주는 예수님의 탄생은?

마태오 복음서와 루카 복음서에는 예수님의 탄생에 관한 내용이 들어 있다. 이 중 루카 복음사가가 전해 주는 이야기가 더 잘 알려져 있다.

아우구스투스 황제의 칙령으로 이스라엘인들은 모두 호적을 새로 등록해야 했는데, 요셉 성인과 성모님도 이를 위해 베들레헴으로 갔다. 그때 성모님은 예수님을 잉태하고 있었다. 성모님과 요셉 성인은 베들레헴에 사람들이 너무 많아서 잠잘 곳을 찾지 못했다.

루카 복음에 의하면, 그들은 겨우 마구간 하나를 찾아 몸을 피했지만, 허술하기 짝이 없었다고 한다. 그리고 바로 그곳에서 예수님이 태어나셨다고 한다.

예수님은 따뜻한 솜이불이 아니라 말들에게 먹이를 담아 주는 구유에 깔린 짚 위에서 잠드셨다. 당시 들에 살면서 양 떼를 지키는 목동들에게 하늘에서 천사들이 갑자기 나타나 '오늘 이스라엘의 구원자, 주 그리스도가 태어나셨다'고 알려 주었다.

이 세상을 구원하시고 평화를 가져오실 예수님의 탄생 소식을 들은 목동들은 예수님이 계신 곳으로 달려와 구유에 엎드려 절하고 기도드렸다.

마태오 복음사가는 하늘에 큰 별이 나타났는데 그 별을 보고 멀리 동방에서 '세 박사'가 찾아왔다고 전한다. 이 이야기에는 세상 저편 먼 곳에서도 사람들이 예수님을 찾아와 경배드린다는 뜻이 담겨 있다. 별을 보고 찾아온 세 동방 박사는 아기 예수님이 세상을 구원하실 구세주이심을 알아보았던 것이다.

루카 복음사가와 마태오 복음사가는 예수님의 탄생 이야기를 통해서 역사적 사실 그 자체보다는 예수님이 누구신지, 그분이 어떻게 세상에 오셨는지에 대해서 알려 주고자 하였다(마태 1,18-25; 루카 1,26-28). 두 복음사가는 요셉 성인이 예수님의 양아버지라고 설명한다. 예수님은 성령으로 잉태되셨기 때문이다. 하느님이 영원한 분이시니 그분의 아드님도 영원하실 것이다. 성모님이 예수님을 낳으셨고 예수님은 하느님이시면서 사람이 되셨다.

이 복음사가들이 전해 주는 예수님의 탄생 이야기는 보통 사람들의 출생과는 사뭇 다르다. 복음사가들이 예수님의 탄생을 이처럼 매우 특별하게 서술한 데는 이유가 있다. 즉 그분은 보통 사람이 아니라 하느님이 사람이 되신 분이라는 점을 강조하고자 하는 것이다. 그래서 요한 복음사가는 예수님의 탄생을 이렇게 노래한다.

"모든 사람을 비추는 참빛이 세상에 왔다."(요한 1,9) "말씀이 사람이 되시어 우리 가운데 사셨다."(요한 1,14) 여기서 '말씀'은 영원으로부터 태어나신 하느님의 아드님으로서 예수 그리스도를 가리킨다.

 **성경에 등장하는 예수님 탄생 이야기에는 소나 나귀 등이 나오지 않는다!**
사람들이 꾸며 놓은 성탄 구유를 보면 아기 예수님 옆에 소나 나귀가 있을 때가 많지만 성경에서 보여 주는 성탄 장면에는 소나 나귀 등이 보이지 않는다!

14
예수님은 누구실까?

성경은 하느님이 예수님을 세상에 보내셨기 때문에 예수님이 사람이 되셨다고 증언한다. 사실 아무도 하느님을 뵌 적이 없다. 그런데 예수님은 하느님과 함께 계셨던 분이다. 그러므로 예수님이 사람이 되신 것은 하느님이 어떤 분이신지 우리에게 알려 주시기 위해서라고 말할 수 있다. 그래서 우리는 예수님을 특별한 사람 정도가 아니라 바로 하느님의 아드님으로 이해해야 한다.

그래서 바오로 사도는 이렇게 설명한다. "그분은 보이지 않는 하느님의 모상이시며 모든 피조물의 맏이이십니다."(콜로 1,15) 예수님도 직접 "너희가 나를 알았더라면 나의 아버지도 알았을 것이다."(요한 8,19)라고 가르치셨다.

> "누구든지 예수님께서 하느님의 아드님이심을 고백하면, 하느님께서 그 사람 안에 머무르시고 그 사람도 하느님 안에 머무릅니다. 하느님께서 우리에게 베푸시는 사랑을 우리는 알게 되었고 또 믿게 되었습니다."(1요한 4,15-16)

예수님은 사람들이 당신을 통해 하느님이 어떤 분이신지 알아보고 느끼도록 도와주셨다. 예수님은 사람들이 하느님을 가장 잘 알아보도록 언제나 최선의 길을 택하셨다. 하느님은 우리가 볼 수 없는 분이 결코 아니시다. 사람들에게 하느님이 누구신지 알려 주려고 예수님이 사람이 되셨기 때문이다. 그리고 예수님은 하느님 나라에는 평화와 정의가 넘친다고 선포하셨다.

"행복하여라, 마음이 가난한 사람들! 하늘나라가 그들의 것이다. 행복하여라, 슬퍼하는 사람들! 그들은 위로를 받을 것이다. 행복하여라, 온유한 사람들! 그들은 땅을 차지할 것이다. 행복하여라, 의로움에 주리고 목마른 사람들! 그들은 흡족해질 것이다.
행복하여라, 자비로운 사람들! 그들은 자비를 입을 것이다. 행복하여라, 마음이 깨끗한 사람들! 그들은 하느님을 볼 것이다. 행복하여라, 평화를 이루는 사람들! 그들은 하느님의 자녀라 불릴 것이다. 행복하여라, 의로움 때문에 박해를 받는 사람들! 하늘나라가 그들의 것이다.
사람들이 나 때문에 너희를 모욕하고 박해하며, 너희를 거슬러 거짓으로 온갖 사악한 말을 하면, 너희는 행복하다! 기뻐하고 즐거워하여라. 너희가 하늘에서 받을 상이 크다. 사실 너희에 앞서 예언자들도 그렇게 박해를 받았다."
(마태 5,3-12)

15
사도들은 누구일까?

신약 성경은 종종 사도들에 관해 이야기한다. 사도는 늘 같은 뜻으로 쓰이지는 않지만, 보통 사도란 '복음을 전하라고 예수님이 직접 부르신 사람들'을 말한다. 사도는 그리스어로 '파견된 사람'이란 뜻이다. 사도들은 대부분 예수님 생전에는 예수님을 따라다니며 예수님을 굳게 믿었고, 예수님이 돌아가시고 부활하신 후에는 예수님이 그들을 부활의 증인으로 파견하셨다.

그런데 바오로 사도만은 생전의 예수님을 뵙지 못했고, 부활하신 예수님에게 사도로 뽑혀 복음을 전하는 사명을 받았다. 다시 말해 바오로 사도는 예수님을 처음부터 따르지는 않았다. 그래서 복음서에서는 그를 찾아볼 수 없고, 사도행전에서 등장하는데, 사도행전의 저자는 그를 사도라고 부르지 않았다. 그럼에도 바오로 사도는 '모든 민족의 사도' 또는 '이민족의 사도'라는 별명으로 불린다. 그는 이스라엘 백성이 아닌 다른 민족들에게 복음을 전했기 때문이다. 그래서 그는 팔레스타인 지역이 아니라 그리스, 소아시아, 로마 등지를 돌아다니면서 복음을 전했다.

 **주일 미사나 대축일 미사 때 '사도 신경'을 외운다!**

특히 가톨릭교회를 '사도로부터 이어오는 교회'라고 고백한다. 이는 사도들이 신앙의 모범이자 교회의 지도자라는 사실을 인정한다는 뜻이다.

그들은 예수님을 누구보다 가까이 따르면서 믿었고 부활의 증인으로 파견되었기 때문에 '사도'라는 이름을 얻었다. 그러니 그들보다 더 예수님을 잘 아는 사람들은 없을 것이다. 예수님은 그들에게 복음을 선포하는 사명을 직접 맡기셨다.

사도들은 크게 두 부분에서 모범이 된다. 그들은 우리가 믿는 것이 무엇인지, 초대 교회를 어떻게 세웠는지 우리에게 잘 전해 준다.

오늘날 주교들이 바로 사도들의 후계자다. 주교들은 교회가 처음 생겨났을 때부터 지금까지 세상의 여러 교회를 저마다 이끄는 지도자면서 세상의 모든 교회가 일치된 그리스도 공동체를 이루도록 끊임없이 서로 친교를 나눈다. 그래서 한국 주교회의나 세계 주교회의를 일정한 시기마다 열어 서로 신앙을 확인하는 것이다.

제2장

믿음에 대한 궁금증

16
종교란 무엇일까?

사람들은 대부분 저마다 종교가 있다. 그리고 거의 모든 종교는 신과 세상을 어떻게 이해해야 하는지 나름대로 소개한다. 우리말의 '종교宗敎'는 '근본이 되는 으뜸 가르침'이란 뜻이다. 영어로는 릴리즌religion인데, 이 말의 어원인 라틴어 렐리지오religio에는 '다시 묶는다'는 뜻이 있다. 바로 사람들을 다시 하느님과 연결시킨다는 뜻이다.

각 종교의 상징들

 그리스도교

 유대교

 이슬람교

 불교

 힌두교

각 종교의 분포도

종교에는 일정한 규율이 있다. 신자들은 그 규율에 따라 함께 믿으면서 생각을 나누게 된다. 특히 이 세상이 어떻게 생겨났는지, 사람으로 살아간다는 것이 무슨 의미인지, 사람이 죽으면 어떻게 되는지, 이웃을 어떻게 대해야 하는지 등의 생각을 함께 나눈다. 물론 정해진 시간에 함께 기도하고 전례도 거행한다.

세상에는 다양한 종교가 있다. 또한 종교마다 신을 나타내는 방식이 특별하다. 세상에 잘 알려진 종교로는 유대교, 그리스도교(가톨릭, 개신교, 정교회, 성공회), 이슬람교, 힌두교, 불교를 손꼽을 수 있다. 이를 '세계 5대 종교'라고 부른다.

유대교와 그리스도교와 이슬람교는 비록 종교를 실천하는 모

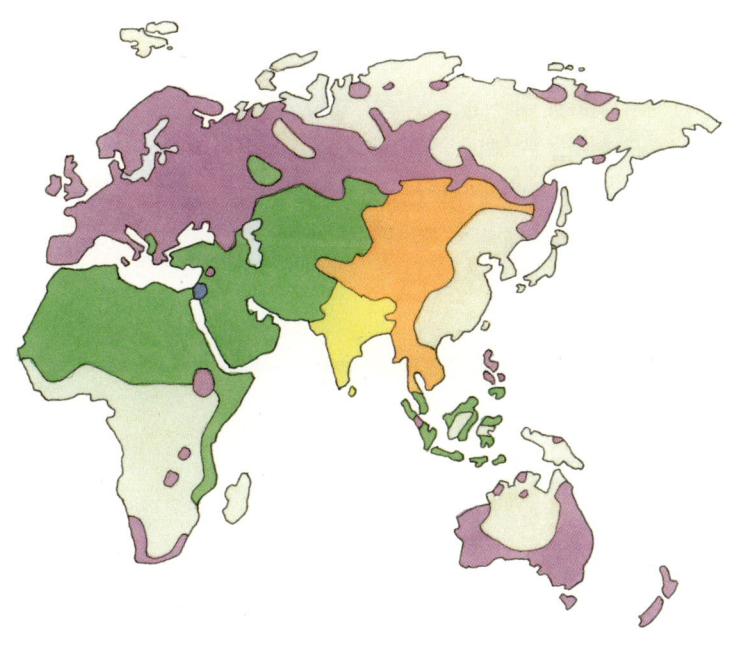

습이 아주 달라 보이지만, 서로 관계가 깊다. 다시 말해 유대인이나 그리스도인이나 이슬람교도는 근원이 같으며 모두 '한 분이신 하느님'을 믿고, 하느님이 사람들과 함께 계신다는 것을 믿는다.

세계 3대 종교인 유대교와 그리스도교와 이슬람교는 '한 분이신 하느님'을 믿지만 그분을 서로 다른 이름으로 부른다!

예를 들면 유대인들은 '야훼'라고 기록하지만, 그분을 그 이름으로 소리내어 부르지는 않는다. 야훼 하느님은 아주 높은 분이시라 감히 그분의 이름을 불러서는 안 된다고 생각하기 때문이다. 그 대신 '아도나이', 즉 "나의 주님" 하고 부른다. 개신교에서 하느님을 '여호와'로 부르는 것은 이 '야훼'라는 하느님의 이름에 '아도나이'라는 단어의 모음을 섞어 잘못 부르게 된 이름이다. 우리 그리스도교 신자들은 "하느님 아버지" 하고 부른다. 이는 일찍이 예수님이 그렇게 부르셨고 또 우리에게 가르쳐 주신 이름이다. 이슬람교도는 "알라"라고 부르는데, 아랍어로 '하느님'을 뜻한다.

17
하느님의 존재를 증명할 수 있을까?

　하느님을 분명 볼 수는 없지만 그분에 대해 곰곰이 생각해 보면 이런 방법으로 하느님을 알아볼 수는 있을 것이다. 만일 하느님이 계신다면 가장 뛰어난 '단 한 분'이실 것이다. 모든 존재 가운데 '가장 뛰어난' 분은 한 분이기 때문이다. 그래서 하느님을 가장 위대하고 아름다우며 전능하신 분이라고 생각할 것이다.

　그런데 우리보다 더 많이 생각한 신학자들이 하느님을 증명하는 방법을 알아냈다. 물론 사진을 찍거나 직접 보여 주며 확인시키는 방법은 아니다. 탐정 소설에서 발자취나 흔적으로 범인을 찾아내듯, 신학자들은 하느님이 이루신 일들을 잘 살펴봄으로써 하느님을 알아낸다. 어떤 이들은 하느님의 존재를 계속 의심할 수도 있지만, 이 세상의 그 많은 일들이 저절로 생긴 것이 아니기에 누군가가 이루어 놓았다고 볼 수 있다. 이는 우리와 이 세상을 사랑하여 항상 돌보시는 분이 계신다는 것을 알 수 있다.

　하느님에 관한 증언이나 그 흔적을 살피는 방법도 있다. 즉 많은 사람들이 오래전에 그리고 지금도 하느님이 계신다고 확신한다는 점을 생각해 보는 것이다. 다시 말해 하느님을 증언하는 사람들이 정말 많다는 것이다.

  밤하늘의 별은 황홀할 정도로 아름답고, 우리는 세상 질서를 따라 순조롭게 살아간다. 매일 아침마다 해가 솟아오르고 때가 되면 봄이 온다는 것을 전혀 의심하지 않고 받아들인다. 저마다 태어나서 어린이로 지내다가 차츰 어른이 되어 가는 세상 질서에 따라 살아간다. 농부가 사과나무에서 맛있는 사과를 따려면 매일매일 수고해야 하고, 신호등이 규칙적으로 바뀌려면 기술자가 그런 장치를 만들어야 한다. 더구나 아름답고 규칙적으로 돌아가는 이 커다란 세상을 모두 돌보려면 농부나 기술자보다 훨씬 더 능력 있는 누군가가 있어야 하지 않을까?

  하느님이 존재하심을 증명하는 데 세상에는 수학 문제의 정답을 찾는 것처럼 딱 맞아떨어지는 방법은 없을지 모른다. 그러나 만일 세상을 찬찬히 관찰하고 곰곰이 따져 본다면, 하느님이 계신다는 것을 많은 사건이나 사실에서 알아낼 수 있다.

18
하느님은 자신을 어떻게 알려 주실까?

　사람들은 대부분 종교가 있다. 그런데 사람들의 생김새가 서로 다르듯 믿음도 제각각이어서 서로 다른 종교끼리 부딪쳐 갈등이 생기기도 한다. 많은 사람들은 신앙을 중요하게 여기기 때문에 누군가 자신의 신앙을 비판하거나 비꼰다면, 매우 속상해한다. 어떤 이들은 자신들의 믿음을 힘으로 과시하려고도 해서 하느님이 실제로 사랑이 넘치고 다정한 분이심을 제대로 드러내지 못한다. 그래서 하느님을 오해하게 되어 그분을 믿지 못하게 만들기도 한다.

　우리 주변에도 하느님을 아직 믿지 않는 이들이 있다. 그중에는 하느님이 계신다는 것조차 믿지 못하는 사람들도 많다. 그들은 하느님이 계신다면 이 세상에 지진이나 홍수 같은 불행한 일이 생기지 않았을 것이라고 생각하기 때문이다.

　또 어떤 이들은 하느님에 대해 듣거나 배운 적이 없어서 하느님의 존재를 알지 못한다. 이러한 사람들에게 하느님을 알려 주는 것은 쉽지 않다. 사실 하느님을 보거나 증명하는 일은 하늘에 떠 있는 구름이나 길가에 핀 꽃을 알아보는 것과는 다르기 때문이다. 하느님은 언제부터 언제까지 계시는 분이 아니라서, 성경에서는 하느님을 시작도 끝도 없는 분이라고 설명한다. 언제 어디에나 존재하는 분이시라서 굳이 특정한 시간이나 장소에서만 하느님을 본다는 것도 이상하다. 그렇지만 하느님을 간단하게 알아볼 수 있는 두 가지 방법이 있다.

첫째는 사람들이 각자 하느님을 마음속으로 그려 보는 것이다. 우리 모두 하느님에 관해 곰곰이 생각해 볼 수 있기 때문이다. 또는 이미 하느님을 만났거나 이와 비슷한 일을 체험한 사람들에게 물어보거나 그들의 이야기에 귀 기울이는 것이다.

둘째는 성경을 통해서 하느님이 계시다는 것을 알 수 있다. 성경은 사람이 기록한 책이지만, 하느님을 만났거나 그와 비슷한 일을 체험한 사건들에 관해 전해 준다. 성경에는 하느님이 당신을 사람들에게 어떻게 드러내셨고 항상 무엇을 걱정하시는지 나와 있다. 성경에서 하느님은 당신과 계약을 맺은 백성을 끊임없이 돌보신다고 전해 준다. 성경에서 하느님은 이스라엘 백성에게 이렇게 말씀하신 적이 있다. "너희는 나의 백성이고 나는 너희의 하느님이다. 내가 너희를 선택했으니, 너희는 나를 믿어야 한다. 그러면 너희는 안전하게 살 것이다. 내가 누구인지 너희에게 그때마다 알려 줄 것이다."(탈출 3,14; 19,5 참조)

이 말씀을 보면 하느님은 비록 우리 눈에 보이지는 않지만 전혀 알 수 없는 분이 아니심을 알 수 있다. 하느님은 당신을 감추는 분이 아니시기 때문이다. 오히려 사람들에게 당신이 누구인지, 사람들을 얼마나 사랑하는지 그때마다 알려 주신다. 이를 '계시'라고 한다.

하느님 자신을 알려 주는 '계시'의 방법은 다양하다. 우선 신구약 성경을 통해서 가장 직접적이고 완전하게 당신 자신을 알려 주신다. 그리고 그보다는 간접적이기는 하지만 하느님이 만드신 온 세상의 모든 자연이나 피조물들을 보면, 그것을 만드신 분을 생각해 볼 수 있다. 또 아름다운 삶을 사는 사람들에게서도 하느님을 느낄 수도 있다.

오늘날 그리스도인에게 하느님의 말씀이 전해지는 방법

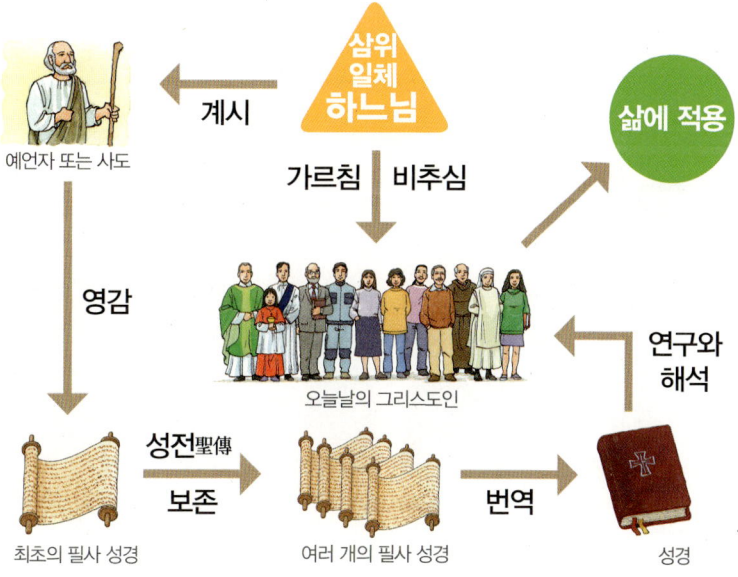

19
그리스도교 신자란 누구일까?

그리스도교 신자란 예수님을 믿고, 예수님과 함께 살아갈 것을 다짐한 사람이다. 좀 더 정확히 말하면, '예수님이 하느님의 아드님이시고 사람들을 구원해 주는 분이시라고 믿는 사람', '세례를 받은 사람', '예수님이 어떤 분이신지 자신이 살아가면서 직접 보여 주는 사람', '주일마다 미사에 참례하는 사람', '성사 생활을 하는 사람(예수님은 특히 일곱 성사를 통해 당신의 구원 은총을 우리에게 주심

으로써 우리를 구원하신다. 신자들은 세례·견진·성체·고해·혼인·병자·성품성사를 통해 은총을 받는다)'을 가리킨다.

우리나라 교우는 대부분 성인이 되어 세례를 받지만, 어렸을 때 부모님 손에 이끌려 세례를 받는 사람도 있다. 이런 경우를 '유아 세례'라고 한다. 우리는 세례를 통해 교회에 속하는 한 사람이 되는 동시에, 우리가 예수 그리스도와 함께 살아가는 신자란 것을 누구나 알게 된다. 그러므로 세례는 신자로 살아간다는 것을 보여 주는 첫 예식이다. 이처럼 모든 신앙인이 거쳐야 할 중요한 예식으로는 세례성사, 견진성사, 성체성사가 있다. 우리나라에서는 세례받은 신자가 만 12세 이상이 되면 성숙한 신앙생활로 이끄는 견진성사를 받는다.

초대 교회의 신자들은 자신들을 '물고기' 그림으로 표현하였다!

당시 로마 제국의 박해를 받았던 신자들은 자기들끼리만 알아볼 수 있는 상징적인 그림을 활용하였다고 한다. 예를 들면 '예수 그리스도는 하느님의 아드님이요 구세주시다! 이에수스 크리스토스 테우 휘오스 소테르'Ἰησοῦς Χριστός Θεοῦ Υἱός Σωτήρ!'라는 신앙 고백의 그리스어 머리 글자들을 따면 익튀스ΙΧΘΥΣ, 즉 '물고기'라는 단어가 된다.

20 신자들은 무엇을 믿어야 할까?

신자들이 무엇을 믿어야 하는지 가장 잘 알 수 있는 방법은 '사도 신경信經'을 보는 것이다. 모든 중요한 내용이, 한마디로 믿어야 할 교리가 전부 이 기도문에 요약되어 있다. 교회에는 두 가지 중요한 신경이 전해 온다. 내용이 좀 더 간단한 '사도 신경'과 좀 더 자세하고 긴 '니케아 콘스탄티노폴리스 신경'이다.

우리는 주일 미사에서 신앙 고백문인 사도 신경 또는 니케아 콘스탄티노폴리스 신경을 외운다. 신자라면 누구나 이 기도문을 알고 있다. 우리가 세례를 받고 신자가 되기에 앞서 세례를 주는 사제는 우리에게 무엇을 믿겠는지를 묻는다.

교회는 이 '신경'을 오랫동안 간직해 왔다. 신경은 라틴어로 '크레도Credo'인데, '나는 믿습니다'는 뜻으로, '신앙의 신비'라고도 한다. 신경에는 하느님의 창조, 예수님의 죽음과 부활, 성령의 도우심에 관한 내용이 담겨 있다. 물론 그보다 훨씬 더 짧은 신앙 고백문으로는 '십자 성호'를 그으며 외우는 기도문인 '성호경'이 있다. "성부와 성자와 성령의 이름으로. 아멘!" 하고 말이다.

사도 신경
전능하신 천주 성부
천지의 창조주를 저는 믿나이다.
그 외아들 우리 주 예수 그리스도님
(밑줄 부분에서 고개를 숙인다.)
성령으로 인하여 동정 마리아께 잉태되어 나시고
본시오 빌라도 통치 아래서 고난을 받으시고
십자가에 못 박혀 돌아가시고 묻히셨으며
저승에 가시어 사흗날에 죽은 이들 가운데서 부활하시고
하늘에 올라 전능하신 천주 성부 오른편에 앉으시며
그리로부터 산 이와 죽은 이를 심판하러 오시리라 믿나이다.
성령을 믿으며
거룩하고 보편된 교회와 모든 성인의 통공을 믿으며
죄의 용서와 육신의 부활을 믿으며
영원한 삶을 믿나이다.
아멘.

신앙인이 믿어야 할 교리를 차근차근 설명한 책을 《교리서》라고 한다. 그래서 이 책을 신앙인을 위한 교과서라고도 한다. 어린이와 어른을 위한 교리서가 따로 마련되어 있다.

믿음에 대한 궁금증

21
'아멘'은 무슨 뜻일까?

히브리어로 "아멘"이다. 히브리어는 오른쪽에서 왼쪽으로 읽고 쓴다.

보통 "아멘." 하고 응답하면 앞에서 말했던 것을 받아들인다는 뜻이다. 다시 말해 "예, 그렇다고 믿습니다!"라는 뜻이다. 이 말은 히브리어에서 왔는데, 그리스어와 라틴어로도 그대로 발음해 왔다. 오늘날에도 제각기 다른 나라말로 쓰더라도 똑같이 발음한다. 혼자서든 여럿이든 기도할 때 "아멘." 하고 기도 끝에 붙인다. 미사에서나 식사 전후에 여러 사람들이 함께 기도드릴 때, 누군가가 대표로 기도드리면 모두 같은 마음이라는 것을 "아멘."으로 응답한다.

그 밖에도 성체성사, 즉 미사 때 영성체할 때 사제가 "그리스도의 몸." 하고 말하면, 우리는 "아멘." 하고 응답한다. 이는 "저는 이 빵이 예수 그리스도의 몸이라고 믿습니다!"라는 뜻이다.

22 예수님의 이름은 왜 두 개일까?

　예수 그리스도라는 이름은 예수님의 이름인 '예수'와 사람들이 그분을 불렀던 호칭인 '그리스도'를 합친 것이다. 그리스도는 '기름 부음을 받은 이', 즉 '구세주'라는 뜻이다. 고대 이스라엘인들은 이 땅에 하느님 나라를 세울 구세주가 올 거라고 믿고 기다렸다. 그때 불렀던 호칭을 지금까지 계속 쓰고 있는 것이다.

　당시 이스라엘에서 '기름 부음을 받은 이'는 특별한 사람, 예를 들면 임금이나 예언자였다. 그렇게 하느님이 선택하신 이들에게만 기름을 부어 구별했는데, 구세주도 하느님께서 보내실 것이기에 그처럼 귀한 분이시라고 믿었던 것이다.

> **'예수 그리스도'에서 그리스도는 이름이 아니다!**
> 얼핏 보기에 서양 이름처럼 '예수'는 이름이고 '그리스도'는 성처럼 보인다. 그러나 '그리스도'는 성이 아니라, 예수님이 누구신지 신분을 밝히는 호칭이다. 예를 들면 우리가 '프란치스코 교황'이라고 부를 때, '프란치스코'는 이름이고, 그 뒤에 붙인 '교황'은 신분을 나타내는 호칭인 것과 같다.

23
열두 제자는 어떤 사람들일까?

예수님은 아주 다양한 제자들을 곁에 두셨다. 고기 잡는 어부, 율법 교사, 세금을 걷어 로마에 바치는 세리, 로마인들과 맞서 싸우는 사람들, 그 외에도 몇몇 여인들과도 친하게 지내셨다. 이는 오늘날에는 문제되지 않지만, 당시에는 매우 획기적인 일이었다. 그들은 서로 어울리기 힘든 신분이었기 때문이다. 그런데 성경에는 예수님과 아주 각별히 지냈던 열두 명이 있었다고 소개한다. 우리는 그들을 가리켜 '열두 제자' 또는 '사도'라고 부른다.

그들은 모두 예수님과 오랫동안 가까이 지냈기 때문에, 그중 누가 가장 각별했는지는 말하기 힘들다. 그래도 사람들은 요한 사도가 예수님과 가장 친했을 것이라고 추측한다. 예수님이 "사랑하신 제자"(요한 21,7)라고 성경에 소개되기 때문이다. 〈최후의 만찬〉 그림에도 요한 사도는 예수님의 팔에 기댄 모습으로 나온다. 또한 예수님이 십자가 위에서 돌아가시기 직전에 요한 사도에게 성모님을 돌봐 드리라고 부탁하셨다는 말씀도 전해진다. 아마도 예수님이 그를 특별히 신뢰하신 것 같다.

예수님의 열두 제자

시몬 베드로
벳사이다 출신의 어부. 예수님이 '베드로'라는 이름을 지어 주셨는데, '바위'라는 뜻이다.

큰 야고보
어부. 제베대오의 아들이자 요한 사도의 형이다.

바르톨로메오(나타나엘)
예수님이 승천하신 후 선교하려고 인도, 이집트 등으로 길을 떠나, 현재 독일 프랑크푸르트 주교좌성당 자리에 묻혔다고 전해 온다.

유다 타대오
알패오의 아들, 작은 야고보와 형제다. 그에 대해 정확하게 알려진 것은 없지만, 여러 이야기에 등장한다. 절망에 빠졌거나 간절하게 소망하는 이들의 수호성인으로 존경받는다.

마태오
세리, 제자가 되기 직전까지 로마 제국을 위해 세금을 거둬들이던 사람이다(마태오 복음사가와는 다른 사람이다).

토마스
"우리도 스승님과 함께 죽으러 갑시다."(요한 11,16)라고 할 정도로 용감한 사도. 예수님의 부활을 처음에는 믿지 않았으나, 부활하신 예수님의 상처를 만져 본 뒤 그 사실을 믿었다.

요한
어부. 예수님이 사랑하신 제자로 알려졌다. 예수님께 가끔 슬기로운 질문을 던졌다.

안드레아
어부. 베드로 사도의 동생이다. 원래는 요한 세례자의 제자였다. 70년경 오늘날의 그리스 지역에서 X자형 십자가에서 순교했다고 전해진다.

필립보
베드로, 안드레아와 마찬가지로 벳사이다 출신이다. 상상력이 풍부하고 사려 깊은 사람이었다고 한다.

유다 이스카리옷
은돈 서른 닢에 예수님을 팔아 넘겼다. 한 손에 돈주머니를 쥐고 서 있는 모습으로 벽화나 석상에 가끔 묘사된다. 예수님을 팔아넘긴 것을 나중에 깊이 후회하여 스스로 목숨을 끊었다.

열혈당원 시몬
로마 제국에 맞서 이스라엘의 독립을 위해 싸웠던 저항군이었다.

작은 야고보
알패오의 아들. 신약 성경에는 열두 사도를 소개할 때만 나온다. 야고보란 흔한 이름 때문에 다른 모습으로 소개되지 않은 듯하다.

24
예수님은 하루 종일 무엇을 하셨을까?

예수님은 이스라엘 곳곳을 다니셨다. 제자들을 만나거나 배를 타고 물고기를 잡기도 하셨다. 때때로 산에 올라 기도하시고, 땅바닥이나 모래 위에 무언가를 쓰거나 그림을 그리셨다고 한다(요한 8,6).

예수님은 당신이 불러 모은 제자들이나 당신을 찾아온 사람들을 가르치셨다. 그분은 하느님의 뜻이 무엇인지 정확히 알고 계셨기 때문에 조금도 의심하거나 머뭇거리지 않고 가르치고 행동하셨다. 예수님은 하느님의 뜻을 실천하려면 마음과 정성을 다해야 한다고 강조하셨다(마르 10,17-31). 그래서 그분의 말씀이 때때로 엄하게 들렸을 것이다. 그러나 예수님은 항상 사람들이 잘 알아듣게 설명해 주셨다. 그래서인지 사람들은 그것이 새로운 가르침인지도 눈치채지 못하였다.

예수님은 사람들이 잘 알아듣도록 비유를 들어 자주 말씀하셨다. 그러나 때때로 수수께끼처럼 딱히 풀리지 않는 가르침도 있다. 이는 사람들이 스스로 곰곰이 따져 보도록 하여 그 뜻을 좀 더 깊이 헤아릴 수 있게 기회를 주는 방법이라고 할 수 있다.

　이런 가르침 때문에 사람들은 예수님을 무척 좋아하고 따랐을 것이다. 똑똑하든 그렇지 않든, 부유하든 가난하든, 어른이든 아이든, 많이 배웠든 못 배웠든 모두 예수님의 말씀을 잘 알아들을 수 있었고, 예수님 역시 그 점을 무척 중요하게 여기셨다. 모두 쉽게 알아들어야만 한 사람도 빠짐없이 하느님 나라에 들어갈 수 있다고 생각하신 것이다. 하느님 나라는 특별한 자격을 갖추거나 엄격한 시험을 본 뒤에 갈 수 있는 곳이 아니기 때문이다. 이는 우리가 모두 하느님께 소중하다는 뜻일 것이다!

　예수님은 언젠가 어른들을 크게 나무라셨다. 그들은 어린아이들이 예수님을 방해할 것이라고 여겨 그분께 가까이 가지 못하게 아이들을 막았기 때문이다. 그때 예수님은 이렇게 말씀하셨다.

　"어린이들이 나에게 오는 것을 막지 말고 그냥 놓아 두어라. 사실 하느님의 나라는 이 어린이들과 같은 사람들의 것이다."(마르 10,14-15)

> "예수님께서 또 다른 비유를 들어 그들에게 말씀하셨다. '하늘 나라는 겨자씨와 같다. 어떤 사람이 그것을 가져다가 자기 밭에 뿌렸다. 겨자씨는 어떤 씨앗보다도 작지만, 자라면 어떤 풀보다도 커져 나무가 되고 하늘의 새들이 와서 그 가지에 깃들인다.'"(마태 13,31-32)

25
예수님은 왜 기적을 행하셨을까?

예수님은 보통 사람인 우리처럼 먹고 자고 사람들과 친교를 나누며 사셨다. 다만 몇 가지 큰 기적을 행하셨다고 성경은 전한다.

성경에서는 예수님이 눈먼 사람의 눈을 뜨게 하시거나(마태 9,27-31; 마르 10,46-52) 다리 저는 이를 다시 걸을 수 있게 하셨다(마태 15,30; 21,14; 요한 5,3)고 전한다. 또한 예수님이 보리 빵 다섯 개와 물고기 두 마리로 수많은 사람들을 먹이셨고, 그러고도 음식이 처음보다 훨씬 더 많이 남았다는 기적 이야기(마르 6,30-44; 마태 14,13-21; 루카 9,10-17; 요한 6,1-14)도 들어 있다. 또한 어린 소녀를 되살리시거나(마태 9,18; 마르 5,21; 루카 8,40) 당신의 친구 라자로를 죽음에서 다시 살리신 이야기(요한 11,1-44)도 있다. 몹쓸 병에 걸려 죽을 지경에 이른 한 젊은이를 낫게 해 주신 이야기도 전해 온다.

이 기적 이야기로 분명한 사실 하나를 알 수 있다. 바로 예수님은 하느님의 아드님으로서 이 세상에 오셨다는 것이다. 실제로 예수님이 치유하시거나 기적을 베푸셨던 사람들은 하나같이 그분을 믿고 따랐다고 성경은 전한다.

기적은 하느님이 모든 사람들, 특히 병들고 가난하고 절망에 빠진 사람들을 직접 돌보신다는 사실을 우리에게 알려 주는 사건이라고 할 수 있다. 이를 통해 우리는 하느님이 우리를 언제나 사랑하신다는 사실을 기억해야 한다. 그리고 절대로 절망하지 말고 하느님의 뜻을 항상 염두에 두고 살아야 할 것이다.

눈먼 이를 치유해 주시는 예수님(부분)
11세기, 병화, 성 안젤로 대성당, 카푸아, 이탈리아

26
예수님은 어떻게 기도하셨을까?

예수님은 자주 기도하셨다. 그렇지 않았다면 어떻게 하느님의 뜻을 아실 수 있었겠는가? 예수님은 기도드릴 때마다 하느님을 "아빠$\alpha\beta\beta\alpha$!"라고 부르셨다. 이 말은 '사랑하는 아버지'란 뜻으로 아버지를 아주 다정하게 부르는 호칭이다. 그만큼 예수님은 하느님 아버지를 신뢰하고 그분과 모든 것에 관해 이야기를 나누실 수 있었다는 뜻일 것이다.

예수님은 때때로 혼자 산에 올라 오랫동안 기도하시면서 하느님의 뜻이 무엇인지 알아들으려고 애쓰셨고, 그때마다 하느님의 뜻에 따라 올바로 행동하셨다. 분명 쉽지만은 않으셨을 것이다. 그분은 항상 우아한 모습으로 기도하지는 않으셨다. 땀을 흘리며 고통스럽게 기도하시거나 때로는 크나큰 두려움에 휩싸여 하느님 아버지께 큰 소리로 어찌하여 자신을 버리시냐고 부르짖기도 하셨다. 그렇지만 예수님은 하느님이 당신을 혼자 내버려 두지 않으실 거라고 확실히 믿으셨다.

예수님은 여러 방법으로 기도하셨다. 시편의 찬미 기도나 유대인들의 신앙 고백문도 외우셨다. 예수님은 제자들과 함께 유대인들의 회당을 찾아가 예배드리고, 예루살렘 성전에 올라가 기도드리거나 축제를 지내기도 하셨다.

예수님은 누구나 어디서든 기도할 수 있다고 가르치셨다. 또한 특별한 형식을 갖춰서 기도해야만 하는 것도 아니라고 하셨다. 무엇보다도 진실한 마음으로 하느님께 간구해야 한다고 말씀하셨다. 기쁘든 슬프든 진실한 마음을 담은 기도가 참된 기도라는 것이다. 예수님은 종종 제자들을 위해 기도하셨다. 하느님이 그들을 항상 지켜 주시고, 그들 또한 하느님을 예수님처럼 신뢰할 수 있기를 바라셨다.

그래서 예수님은 우리에게 '주님의 기도'(마태 6,5-15)를 알려 주셨다. 모든 그리스도교 신자는 주님의 기도(본문 16쪽 참고)를 바친다. 주님의 기도에는 예수님이 이 세상에서 반드시 이루려 하신 소망이 압축되어 있다. 그러니 자주 바치면 좋을 것이다.

27
무엇이든 하느님께 청해도 될까?

예수님은 다음과 같이 분명하게 가르쳐 주셨다. "너희가 내 안에 머무르고 내 말이 너희 안에 머무르면, 너희가 원하는 것은 무엇이든지 청하여라. 너희에게 그대로 이루어질 것이다."(요한 15,7)

하느님은 우리가 시험 공부를 하나도 하지 않았는데 만점을 받게 해 주시지는 않는다. 만약 그렇게 된다면 우리는 더 이상 우리 자신이 아닌 꼭두각시가 되어 버리기 때문이다. 하느님은 우리가 진실한 마음으로 스스로 기도하기를 원하시듯 단 한순간이라도 꼭두각시로 살아가는 것을 바라시지 않을 것이다. 그렇지만 하느님은 어떤 경우에도 우리 곁을 떠나지 않으신다.

그래서 우리가 무슨 일이든 하느님과 함께하려고 하면, 그분은 무척 기뻐하실 것이다. 곁에 있는 누군가가 우리를 모른 척하고 무시하면 우리 마음이 아프지만, 반대로 그 사람이 우리를 알아 주고 우리와 함께하면 매우 기쁜 것처럼 말이다. 아침에 눈뜰 때에도 하느님과 함께하고 하루를 보내고, 잠자리에 누울 때뿐만 아니라 꿈속에서도 그분과 함께할 수 있다면 하느님은 무척 기뻐하실 것이다.

이렇게 하느님과 항상 함께하는 사람이 참된 그리스도교 신자다. 우리는 우리의 머리가 아니라 마음을 보살피시는 하느님을 기억해야 한다. 하느님은 우리가 힘들어할 때마다 우리에게 용기와 이겨 낼 수 있는 믿음을 주신다. 그래서 우리는 시험이나 그외 닥치는 여러 일들도 노력한 만큼 잘 풀릴 수 있도록 도와 달라고 기도할 수 있다. 우리의 진실한 모습을 잃어버리지 않고도 좋은 결과를 얻을 수 있다는 뜻이다.

우리는 이웃을 위해서도 기도할 수 있다. 그래서 그들이 어려움을 잘 극복해서 바라는 것을 얻을 수 있도록 기도할 수 있다. 또는 그들이 서로 싸우더라도 용서하고 다시 화해할 수 있도록 기도할 수 있다. 그래야 하느님이 원하시는 대로 이 세상이 평화로워질 수 있을 것이다.

하느님은 사람들에게 자유를 허락하셨다. 자유롭다는 것은 그저 마음대로 할 수 있다는 뜻이 아니다. 그보다는 자신의 행동에 책임질 수 있는 결정을 스스로 내릴 수 있다는 뜻일 것이다. 그래서 성경은 이렇게 가르친다.

"충실하게 사는 것은 네 뜻에 달려 있다."(집회 15,15)

"그리스도께서는 우리를 자유롭게 하시려고 해방시켜 주셨습니다. 그러니 굳건히 서서 다시는 종살이의 멍에를 메지 마십시오."(갈라 5,1)

28
예수님은 왜 돌아가셨을까?

　예수님은 당신의 죽음을 미리 알았으면서도 피하지 않으셨다. 그분은 하느님을 진심으로 찾고 그분께 굳건히 나아가는 모든 이들을 하느님이 끝까지 돌봐 주신다고 가르치셨는데, 이를 몸소 보여 주신 것이다. 예수님은 당신 자신이 '하느님을 찾아가는 길'(요한 14,6)이라고 하셨다. 하느님을 찾는 사람이라면 누구나 예수님을 따라야 하느님을 만날 수 있다는 뜻이다.
　예수님의 이런 가르침에 당시 권력을 쥔 지도자들은 몹시 불쾌

십자가의 길(14처)

제1처
예수님께서 사형 선고를 받으심.

제2처
예수님께서 십자가를 지심.

제3처
예수님께서 기력이 떨어져 넘어지심.

제4처
예수님께서 성모님을 만나심.

해 했다. 또한 그들은 점점 더 많은 사람들이 예수님을 믿고 따르게 되면 자신들이 권력을 잃을 거라고 걱정했다. 그래서 당시 지도자들과 그들의 지시를 받던 사람들은 예수님이 하느님에 대해 올바르게 가르치지 않고 오히려 하느님을 모독했다고 비난했다. 예수님을 그대로 내버려 두면 더 많은 사람들이 자신들의 지도력을 의심하고 자신들을 반대할 것이라고 걱정했기 때문이다.

결국 그들은 예수님을 고소하여 그분이 사람들을 더 이상 가르치지 못하게 하려 했다. 물론 그들은 예수님의 가르침 가운데 무엇이 잘못되었는지 밝혀 내지 못했다. 분명 예수님은 하느님에 관해 잘못 가르치거나 악행을 저지르신 적이 없기 때문이다. 그런데도 그들은 예수님을 처벌하기로 했고 예수님을 붙잡아 온갖 방법으로 모욕하고 고문했지만, 그분은 굴복하지 않으셨다.

예수님은 그런 폭력으로는 아무것도 얻을 수 없다는 것을 알고 계셨다. 예수님은 뜻밖의 불행을 겪더라도 반드시 하느님의 사랑

제5처
시몬이 예수님을 도와 십자가를 짐.

제6처
베로니카, 수건으로 예수님의 얼굴을 닦아 드림.

제7처
기력이 다하신 예수님께서 두 번째 넘어지심.

제8처
예수님께서 예루살렘 부인들을 위로하심.

으로 이겨 낼 수 있다고 말씀하셨다. 사랑에는 폭력이나 죽음조차 꺾을 수 없는 큰 힘이 담겨 있기 때문이다.

당시 이스라엘은 로마 제국의 지배를 받았기 때문에 사형과 같은 무거운 죄에 관한 재판은 로마 총독만이 집행할 수 있었다. 그래서 예수님은 로마 총독 빌라도에게 넘겨지셨다. 예수님은 빌라도 앞에서 재판을 받으셨고, 결국 혹독한 고문과 함께 십자가형(사형)을 선고받으셨다(마태 27,15-26; 마르 15,6-15; 루카 23,13-25; 요한 18,38-19,16) 예수님은 처형당하는 곳까지 십자가를 지고 가셨다.

성경에서는 그곳이 '골고타'라고 하는데, 이는 '해골 터'란 뜻이다. 어느 성당에서든 예수님이 십자가를 지고 걸어가셨던 모습을 그림이나 조각으로 볼 수 있는데, 이를 '십자가의 길'이라고 한다. 신자들은 이 발자취를 따라 혼자서든 여럿이든 예수님의 고통과 죽음을 묵상하면서 기도를 바친다.

사실 예수님은 제자의 밀고로 붙잡히셨다. 그 밀고자가 바로

제9처
예수님께서 세 번째 넘어지심.

제10처
예수님께서 옷 벗김 당하심.

제11처
예수님께서 십자가에 못 박히심.

'유다 이스카리옷'이다(마태 26,14-16; 마르 14,10-11; 루카 22,3-6). 나중에 그는 자신의 행동을 무척 부끄러워했고, 크게 후회하여 스스로 목숨을 끊었다. 예수님의 제자들은 예수님이 붙잡히셨을 때 두려워서 도망쳤다. 심지어 베드로 사도는 예수님을 세 번이나 모른다고 말했다. 그들은 나중에서야 자신들의 행동에 무척 마음 아파했다. 그들은 그렇게 뉘우친 뒤에야 예수님이 어떤 분이신지 깨닫게 되었다. 그리고 세상 사람들에게 예수님이 어떤 분이신지 알리는 데 목숨을 바쳤다.

한편 성경에서는 예수님이 숨을 거두실 때 어머니 마리아, 사랑하는 요한 사도, 몇몇 여인들이 십자가 아래에서 예수님과 함께 있었다고 전한다(마태 27,45-56; 마르 15,33-41; 루카 23,44-49; 요한 19,28-30). 이는 그들이 예수님을 아주 사랑했다는 사실을 말해 준다. 그들은 자신들의 목숨은 위태로울 수 있는 상황임에도 도망치지 않고 끝까지 예수님을 따랐다.

제12처
예수님께서 십자가 위에서 돌아가심.

제13처
제자들이 예수님 시신을 십자가에서 내림.

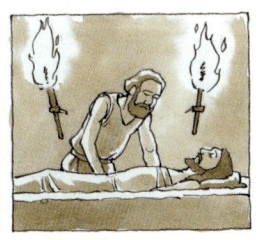

제14처
예수님께서 무덤에 묻히심.

29
예수님은 돌아가신 뒤 어디로 가셨을까?

　예수님은 돌아가신 다음에 무덤에 묻히셨다. 당시 팔레스타인 지방에서는 시신을 관 속에 넣지 않고, 동굴 같은 곳에 두고 그곳을 돌문으로 막았다. 그 문은 굴려서 열 수 있었다.

　예수님이 돌아가신 지 사흘이 되었을 때, 그분을 따르던 여인들이 동굴 무덤을 찾았다. 그때 그들은 아주 놀라운 광경을 목격했는데, 예수님의 시신이 사라지고 무덤이 텅 비어 있었던 것이다. 그리고 흰옷을 입은 천사가 나타나 그들에게 말하였다.

　"왜 부활하신 분을 여기서 찾느냐?"(마태 28,6)

　이 이야기를 전해 들은 제자들도 처음에는 그 사실을 믿지 못했다. 그러나 그들은 곧 자신들 앞에 나타나신 예수님을 보게 되었다. 예수님은 돌아가시기 전과 같으면서도 분명 달라 보이셨는데 제자들은 예수님을 바로 알아보지 못했다. 성경에서는 예수님이 당신의 죽음과 부활에 관해 자세히 설명해 주고 빵을 나누어 주신 뒤에야 제자들이 예수님을 알아보았다고 전한다(루카 24,31).

　예수님은 공중으로 사라지신 것이 아니다. 마치 존재하지 않았던 것처럼 사라져 버리셨다면 다시 나타나실 리가 없을 것이다. 그러나 예수님은 항상 우리와 함께하신다고 하셨다.

　더구나 성경에서는 예수님이 하늘에 계신 하느님 아버지께 다시 올라가셨다고 전한다. 그곳은 태초부터 예수님이 계신 곳이다. 또한 성경에서는 예수님이 살아 계시다고도 한다. 물론 이전과는 다른 방식으로 살아 계시는 것이다.

　예수님은 당신을 믿으면 하느님 아버지 곁에서 영원히 함께 살게 될 것이라고 약속하셨다. 그래서 그리스도교 신자들은 죽음이 끝이라고 여기지 않는다. 예수님이 죽음을 이기셨기 때문이고 또한 그분은 우리를 생명으로 나아갈 수 있게 해 주는 '길'이시기 때문이다.

　분명 예수님은 실제로 돌아가셨지만 사라지지는 않으셨다. 죽음 앞에서도 하느님 아버지에 대한 믿음을 저버리지 않으셨기 때문이다. 예수님의 믿음은 죽음보다 강하셨다.

　이는 곧 예수님과 하느님 아버지의 관계는 그 무엇도 갈라놓을 수 없을 만큼 돈독하다는 것이다. 이 세상의 모든 것이 죽음 앞에서 사라진다고 하더라도, 사랑으로 맺은 예수님과 하느님 아버지의 관계는 사라지지 않는다.

예수님의 제자 가운데 토마스는 부활하신 예수님을 처음에는 믿지 않았다!

그는 예수님의 상처, 즉 손바닥의 못 자국과 옆구리의 찔린 자국을 직접 만져 본 뒤에야 예수님의 부활을 믿었다. 그래서 사람들은 그를 가리켜 '의심 많은 토마스'라고 부르기도 한다. 하지만 그 덕분에 우리도 예수님의 부활을 더 확신할 수 있게 되었다.

30
십자가가 신자들에게 왜 중요할까?

성당에는 큰 십자가가 있다. 그리고 그리스도교 신자들은 대부분 자기 집에 십자가를 모신다. 어떤 이들은 십자가를 목에 걸고 다니기도 한다. 이렇듯 십자가는 그리스도교 신자의 표시인 것이다. 우리는 십자가를 통해 무엇보다도 예수님의 죽음이 특별했음을 알 수 있다. 그러나 로마 제국 시대에 많은 사람들이 십자가형으로 처형당했다는 사실을 기억한다면 예수님의 십자가 처형 그 자체가 특별한 것은 아니다. 그보다는 하느님의 아드님이신 예수님이 우리를 위해 돌아가시고 부활하심으로써 우리의 새로운 삶이 시작되었다는 것이 특별하다.

예수님은 이 세상을 구원하러 오셨다. 많은 사람들이 하느님을 신뢰하지 않거나 아예 모른 채 살았기 때문이다. 이는 사람들이 올바르게 생각하거나 살지 않았음을 뜻한다. 그래서 세상이 어둡고 삭막해졌다. 사람들이 서로 믿지 못하고 자신의 욕심을 채우는 데에만 혈안이 되어 마음의 문을 닫아 버렸기 때문이다. 서로를 이어 주는 '다리'가 없었던 것이다. 예수님은 사람들을 위해 기꺼이 다리가 되어 주셨다. 당신의 희생으로 사람과 사람 사이, 하느님과 사람 사이에 다리를 놓아 주셨다. 예수님은 사람들 편에 서서 그 역할을 하신 것이다. 많은 사람들이 예수님을 알아보고 본받아 살아갈 수 있도록 사람이 되시어 스스로 목숨을 바치신 것이다.

예수님은 하느님 사랑을 깨달은 사람이 어떻게 살아야 하는지 몸소 보여 주셨다. 아무리 힘들고 고통스러워도 하느님을 끝까지 신뢰한다면, 마침내 부활의 영광을 누릴 수 있음을 보여 주신 것이다. 그래서 부활에는 하느님을 모르고 살아가는 어둠에서 벗어난다는 뜻이 담겨 있다. 즉 하느님의 빛에 따라 살아가는 새로운 삶을 가리킨다. 아무도 믿지 못하고 의심하며 살아가는 생활을 끝내는 것이다. 부활은 그렇게 새로운 삶을 시작하는 것을 뜻한다.

31
신비, 즉 놀라운 비밀이란?

미사에서 사제가 "신앙의 신비여!" 하고 말하는 부분을 기억할 것이다. '신비'라는 말은 '놀라운 비밀'이란 뜻이다. 이는 무엇보다도 예수님의 죽음과 부활에 연결되어 있다. 그래서 사제가 "신앙의 신비여!" 하고 말하면, 신자들은 "주님께서 오실 때까지 주님의 죽음을 전하며 부활을 선포하나이다." 하고 응답한다.

그렇다면 예수님의 죽음과 부활에 대한 이 '놀라운 비밀'을 다

른 사람들에게 누설하면 안 될까? 그렇지 않다. 이는 아무도 알아서는 안 된다는 뜻이 아니라 오히려 더 많은 사람이 알아야 좋은 것이다.

이 놀라운 비밀은 오래전부터 그리스어와 라틴어로 '신비 mysterium'라고 불렸다. 하느님은 죄 많은 사람들을 용서하시고 사랑으로 받아들이셨는데, 왜 그렇게 하셨는지 그 누구도 충분히 이해할 수 없는 수수께끼이기 때문이다.

따라서 이 '신비'는 그리스도교 신자라면 반드시 믿어야 할 매우 중요하고도 놀라운 사건이다. 이는 곧 하느님이 당신의 아드님이신 예수님을 보내셔서 모든 사람을 구원해 주셨다는 사실을 한눈에 확인할 수 있는 사건이기 때문이다.

32
성령은 어떤 분이실까?

성령은 사람들이 흔히 생각하는 귀신과 같은 존재가 아니다. 성령은 어디든지 원하는 곳에 계시지만 우리는 성령을 붙잡을 수 없다. 성령은 우리처럼 몸이 있지도 않고, 눈에 보이지도 않으시기 때문이다. 그러나 우리는 성령을 느낄 수 있다. 만일 우리가 슬퍼하다가 마음이 가라앉고 기쁨을 되찾는다면 그때 성령이 우리와 함께하시는 것이다. 더 나아가 죽음 앞에서도 두려워하지 않거나 미사드리며 기도할 때 우리는 성령께서 우리와 함께하신다고 믿는다. 또한 예수님의 가르침을 알아듣거나 하느님이 우리를 사랑하신다는 것을 느끼면, 성령이 반드시 우리와 함께하시는 것이며, 사람들이 서로 싸우다가 화해하면 성령이 도와주신 것이라고 믿는다.

만일 우리가 어떻게 행동해야 할지 모를 때 언제든 하느님께 청한다면, 성령은 바로 그 자리에 계신다고 한다. 그래서 우리가 어떤 길로 가야 할지, 어떻게 행동해야 좋을지 하느님은 성령을 통해 도와주신다. 그러니 결정하기 힘들거나 큰 어려움에 처할 때마다 성령께 도움을 청하는 것이 좋다.

또한 성령은 예수님이 우리에게 가르쳐 주신 길을 우리가 잘 걷도록 곁에서 도와주신다. 예수님이 하늘로 오르신 다음 우리는 그분을 더 이상 볼 수도 만질 수도 없지만, 사람들이 계속 예수님을 믿을 수 있도록 우리 곁에서 도와주는 분이 바로 성령이시다.

성령도 예수님처럼 이미 천지 창조 때부터 하느님 아버지와 함께 계셨다. 그래서 하느님 아버지(성부)가 이루시는 모든 일마다 예수님(성자)과 성령은 함께하신다. 성부, 성자, 성령, 이 세 분은 하나의 실체實體 안에 세 위격位格으로 계시기에, 이를 우리는 삼위일체 하느님이라고 부른다.

하느님은 시작도 끝도 없는 분이시니 성령 또한 태어나시지도 돌아가시지도 않는다고 할 수 있다.

성령께서 하느님의 선물을 나누어 주신다!

물론 그 선물은 우리가 서로 주고받는 선물과는 다르다. 성령께서 나눠 주시는 선물을 가리켜 '은총' 또는 '성령의 열매'라고도 한다. 여기에는 '사랑, 기쁨, 평화, 인내, 호의, 선의, 성실, 온유, 절제'(갈라 5,22-23)가 해당된다.

이러한 선물을 통해 하느님께 좀 더 가까이 다가가거나 더 많이, 그리고 더 빨리 그분을 이해할 수 있다. 그리하여 예수님을 본받아 열심히 기쁘게 살아갈 수 있다.

33
성모 마리아를 왜 공경할까?

　가톨릭에 대해 제대로 알지 못하는 일부 사람들이 가톨릭은 성모님을 믿는 종교라고 말하기도 한다. 그러나 그것은 잘못된 표현이다. 성모님은 하느님의 아드님이신 예수님의 어머니시자, 구원의 협조자, 그리고 우리 신앙의 모범이시기 때문에 특별히 공경하는 것이지 그분을 믿음의 대상으로 삼는 것은 아니기 때문이다. (하느님께만 드릴 수 있는 최고의 예배 행위인 흠숭은 하느님께만 쓸 수 있다. 그래서 성모 마리아와 성인께는 공경을 드린다고 표현해야 한다.)

　성모님은 가브리엘 대천사로부터 성령으로 말미암아 예수님을 잉태할 거라는 말을 듣는다. 당시 유대 풍습에 의하면, 처녀가 아이를 가지면 돌에 맞아 죽음을 당할 수 있는 일이었음에도 불구하고 "이 몸은 주님의 종입니다. 지금 말씀대로 저에게 이루어지기를 바랍니다." 하고 대답하시며 주님의 뜻에 순종했고 예수님을 낳아 기르셨다. 성모님은 평생 동안 예수님에게서 일어난 일들을 함께 겪으셨고, 하느님의 뜻이 예수 그리스도 안에서 이루어진다는 사실을 굳게 믿으셨다. 특히 예수님이 십자가에서 돌아가실 때 당신도 "영혼이 칼에 꿰찔리는"(루카 2,35) 고통을 겪으셨고, 당신의 모든 것을 하느님께 봉헌하셨다. 이와 같이 성모님은 예수 그리스도의 구원 사업에 동참하셨다. 그래서 "가톨릭교회는 성령의 가르침을 받아 자녀다운 효성으로 성모님을 가장 사랑하는 어머니로 모신다."(교회 헌장 53항)

예수님은 돌아가시기 전에 사랑하는 제자를 보시고 먼저 성모님에게 "어머니, 이 사람이 어머니의 아들입니다." 하시고, 그 제자에게는 "이분이 네 어머니이시다." 하고 말씀을 남기셨다. 그 때부터 그 제자가 성모님을 자기 집에 모셨다(요한 19,26-27). 성모님은 예수님이 승천하신 후에도 기도로써 교회 공동체를 도와주셨고 하느님의 부르심을 받고 승천하셨다. 그래서 초대 교회부터 오늘에 이르기까지 교회는 성모 마리아를 우리의 어머니로 공경해 오고 있다.

> 성모님은 하느님이신 예수님(성자)의 어머니시므로 교회는 성모님을 '**하느님의 어머니**'로 고백한다. 초대 교회부터 교회는 성모님을 우리의 어머니이자, '**교회의 어머니**'로 공경해 왔다. 교회는 성모님이 구세주의 어머니가 되시기 위해 **원죄 없이 잉태되셨다는** 것과 예수님을 성령으로 잉태하셨고 **평생 동정**이셨다는 것을 믿는다. 또한 예수님이 인류를 구원하신 그 은총으로 인해 지상 생활을 마치고 **하늘에 오르셨다**(승천)고 믿는다. 이는 우리도 언젠가는 그리스도의 완전한 영광에 참여할 수 있다는 희망을 나타낸다.

34
묵주 기도는 어떻게 바칠까?

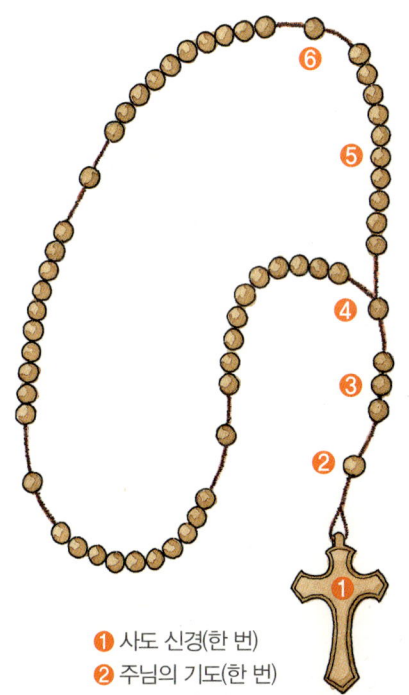

❶ 사도 신경(한 번)
❷ 주님의 기도(한 번)
❸ 성모송(세 번)
❹ 영광송(한 번), 신비 첫째 단
   주님의 기도(한 번)
❺ 성모송(열 번)
❻ 영광송(한 번), 신비 둘째 단

묵주 기도를 뜻하는 라틴어 '로사리움Rosarium'은 '장미 꽃다발', '장미 꽃밭'을 뜻한다. 따라서 묵주는 바로 이런 뜻을 지닌다. 여러 구슬로 엮은 묵주는 '묵주 기도'를 바치려고 만든 것이다.

묵주 기도는 예수님의 생애와 그분의 가르침과 활동을 잘 이해하려고 바치는 기도다. 이 기도는 예수님이 어떻게 태어나셔서 활동하시고 돌아가셨으며 마침내 어떻게 부활하셨는지 성경 말씀을 차례대로 묵상하면서 기도하게끔 되어 있다. 물론 이 모든 성경 말씀을 예수님의 어머니인 성모 마리아와 더불어 묵상하는 것이라서, 사람들은 묵주 기도를 성모님의 기도

믿음에 대한 궁금증 **107**

라고도 한다. 묵주 기도는 기도서에 나오는 순서에 따라 바치는데, 다섯 단으로 완성된다. 기도는 앞의 묵주 그림에서 볼 수 있듯 십자가에서 시작한다.

   가장 먼저 ① 십자가를 오른손으로 가볍게 잡고 성호경을 긋고 '사도 신경'을 바친다. 우리의 믿음이 사도들로부터 전해 오는 교회의 믿음과 같다는 것을 고백하는 것이다. ② 그다음 십자가 바로 위의 구슬을 잡고 '주님의 기도'를 바친다. ③ 그 위에 있는 세 구슬을 하나씩 차례대로 잡고 '성모송'을 세 번 바친다. ④ 그 위의 구슬을 잡고 영광송을 바친 뒤, 각 신비의 첫 번째 단의 내용을 읊고, '주님의 기도'를 바친다. ⑤ '성모송'을 열 번 하고 ⑥ '영광송'으로 첫 번째 단을 끝내면, 이어 두 번째 단부터 똑같은 방법으로 기도하면 된다. 때로는 묵주 기도를 바칠 때 영광송 다음에 구원을 비는 기도를 바치기도 한다.

   묵주 기도는 약 1000년 전부터 신자들이 바쳐 왔고 지금도 즐겨 바치는 기도 가운데 하나다. 특히 매주 레지오 마리애(성모님의 표양을 본받으려는 가톨릭 평신도 신심 단체의 하나) 모임에서 이 기도를 많이 바친다.

'묵주'는 주위에서 쉽게 볼 수 있다?

   간혹 묵주를 목에 걸고 다니거나 차 안 거울에 매달아 놓은 것을 본 적이 있을 것이다. '묵주'는 장식이나 부적이 아니라, 기도하기 위한 것임을 잊지 말아야겠다!

묵주 기도의 각 신비

환희의 신비
1단 마리아께서 예수님을 잉태하심을 묵상합시다.
2단 마리아께서 엘리사벳을 찾아보심을 묵상합시다.
3단 마리아께서 예수님을 낳으심을 묵상합시다.
4단 마리아께서 예수님을 성전에 바치심을 묵상합시다.
5단 마리아께서 잃으셨던 예수님을 성전에서 찾으심을 묵상합시다.

빛의 신비
1단 예수님께서 세례받으심을 묵상합시다.
2단 예수님께서 카나에서 첫 기적을 행하심을 묵상합시다.
3단 예수님께서 하느님 나라를 선포하심을 묵상합시다.
4단 예수님께서 거룩하게 변모하심을 묵상합시다.
5단 예수님께서 성체성사를 세우심을 묵상합시다.

고통의 신비
1단 예수님께서 우리를 위하여 피땀 흘리심을 묵상합시다.
2단 예수님께서 우리를 위하여 매맞으심을 묵상합시다.
3단 예수님께서 우리를 위하여 가시관 쓰심을 묵상합시다.
4단 예수님께서 우리를 위하여 십자가 지심을 묵상합시다.
5단 예수님께서 우리를 위하여 십자가에 못 박혀 돌아가심을 묵상합시다.

영광의 신비
1단 예수님께서 부활하심을 묵상합시다.
2단 예수님께서 승천하심을 묵상합시다.
3단 예수님께서 성령을 보내심을 묵상합시다.
4단 예수님께서 마리아를 하늘에 불러올리심을 묵상합시다.
5단 예수님께서 마리아께 천상 모후의 관을 씌우심을 묵상합시다.

35
하느님께 직접 청하면 되는데, 왜 성모님이나 성인들께 기도를 청할까?

　가톨릭교회에서는 성인들을 공경하며 본받으라고 권고한다. 성인은 순교하신 분이나 거룩한 삶을 사신 분들 중에 훌륭한 덕행과 모범이 인정되어 시성(죽은 후에 성인품聖人品으로 올리는 일)된 분들이다.

　우리는 세례 때, 성인들의 모범을 따라 살겠다는 뜻으로 그분들의 이름으로 세례명을 정하고 그분을 수호성인으로 모신다. 또한 그분들의 축일을 기념하고, 그분들께 우리를 위해 하느님께 빌어 주시기를 청하기도 한다. 우리는 왜 성모님이나 성인들께 기도를 청하는 것일까?

　이것은 그분들이 하느님이라고 생각하기 때문이 아니라, 그분들이 우리의 간절한 기도를 하느님께 전해 주시기를 부탁드리기 위해서인 것이다. 이를 전구(傳求, 우리를 대신하여 하느님의 은혜를 구해 달라고 청하는 것)라고 한다.

　우리가 성인들에게 기도하는 것은 하느님께 기도하는 것과는 다르다. 그것은 마치 친구에게 "나를 위해 하느님께 기도해 줄

래?" 하고 부탁하는 것과 같다. 즉 성인들에게 기적을 일으켜 달라고 기도하는 것이 아니라, 그분들이 우리를 위하여 하느님께 같이 기도해 주었으면 하고 바랄 뿐이다.

이처럼 우리가 하느님께 직접 청할 수도 있지만, 하느님과 이미 함께 계시는 성모님이나 성인들께 부탁드리는 것이 우리에게 더 힘이 될 수 있다. 그분들은 우리를 도와주시고, 보호해 주시기 때문이다.

> 우리는 "모든 성인의 통공을 믿으며"(사도 신경)라고 신앙을 고백한다.
>
> 이 성인의 통공은 이 세상에 사는 신자들과 천국에서 영원한 복을 누리는 이들과 연옥에서 단련하는 이들이 그리스도와의 일치 안에서 기도와 희생, 선행으로 서로를 도울 수 있게 결합되어 있는 것을 말한다.
>
> 이 세상에 살고 있는 신자들은 서로가 같은 신앙을 고백하며 기도와 선행으로 서로를 도울 수 있다. 또한 천국에 있는 성인들을 공경하며 그들의 영광에 참여할 수 있도록 도움을 청하고 성덕聖德을 본받으려고 노력한다. 그리고 기도와 희생을 통해서 연옥에 있는 영혼들을 도울 수 있다.
>
> 교회는 이 '성인들의 통공'에 대한 믿음에서 '위령 성월'(한국 교회는 위령의 날(11월 2일)과 연관시켜 11월을 위령 성월로 정해 놓았다)과 '모든 성인 대축일'(11월 1일)을 지낸다.

36
나도 성인이 될 수 있을까?

죽을 때까지 신앙을 굳건히 지킨 순교자들만 거룩한 사람, 즉 성인이 되는 것은 아니다. 평생 동안 모범적으로 살았던 사람이나 하느님과 아주 가깝게 살았던 사람도 성인이다. 즉 성인은 하느님이 거룩하신 것처럼 거룩하게 살았던 사람을 가리킨다. 거룩하게 산다는 것은 무엇일까?

무엇보다도 '거룩하신 하느님의 뜻을 따라 사는 것'을 의미할 것이다. 모든 성인은 살아가면서 실수한 적도 있었지만, 죽는 순간까지 하느님의 뜻을 따라 행동하였다고 한다. 우리도 그렇게 살아야 한다. 우리 역시 우리를 부르신 하느님의 완전하심(사랑)을 닮아야 하고, 우리가 하느님을 닮은 그분의 자녀라는 것을 누구든 알아볼 수 있어야 하기 때문이다.

성경에서는 하느님을 믿는 교우들을 모두 성인, 즉 '성도'라고 부른다. 신앙인은 모두 하느님의 자녀이므로 '거룩한 하느님의 사람들'이라는 뜻이다. 이처럼 성인은 누구나 될 수 있지만, 성인으로 인정받아 공식적으로 시성이 되려면 절차를 밟아야 한다.

신자들이 존경하고 기념하는 성인은 오랫동안 여러 검증 과정을 거쳐 결정된다. 예를 들면 죽은 다음 그 사람의 신앙심과 기적을 확인할 수 있도록 여러 증인들과 역사 자료가 있어야 한다. 그다음에 교황청에서 파견된 성직자들이 하나하나 살핀 다음, 마지막으로 교황이 성인식을 올리고 기념일을 정하여 전 세계 교회에 선포한다.

잘 알려진 성인들로는 '성모 마리아'(8월 15일), '소화 데레사 성녀'(10월 1일), '아우구스티노 성인'(8월 28일), '그레고리오 성인'(9월 3일), '니콜라오 성인'(12월 6일) 또는 '성 김대건 안드레아 사제와 성 정하상 바오로와 동료 순교자들'(9월 20일) 등이 있다. 예수님의 열두 제자(예수님을 배신한 유다 이스카리옷은 빠지고, 후에 마티아가 사도로 선출됨) 모두 성인이다. 한편 교회가 다 확인하지 못한 성인들도 많기 때문에, '모든 성인 대축일'(11월 1일) 때 함께 기념하기도 한다.

예수님의 산상 설교에 이런 말씀이 있다. "행복하여라, 마음이 가난한 사람들, 하늘나라가 그들의 것이다. …… 행복하여라, 평화를 이루는 사람들, 그들은 하느님의 자녀라 불릴 것이다."(마태 5,3-9) 이 말씀이 성인들의 삶에 딱 어울린다. 이 세상에 살면서도 하느님의 자녀처럼 살아가는 사람이 성인이라는 것이다.

우리가 하느님 곁에 사는 것이 무엇보다도 행복하고 값진 일이라면, 거룩하게 살아야 한다는 것을 잊지 말아야 한다. 비록 유명한 성인들처럼 시성식을 거행해 모든 교회가 다 알게 되는 거창한 성인은 아닐지라도 세례성사로 하느님의 자녀가 되어, 자주 미사에 참례하고 성체를 영하며, 그외에도 교회에서 베풀어 주는 성사들에 적극 참여하여 하느님 자녀답게 산다면 우리도 성인이 될 수 있는 것이다.

우리도 언젠가 죽음을 맞이해 하느님 곁으로 갈 것이다. 11월 2일 위령의 날에 우리는 이 세상을 떠난 모든 이들을 기억하면서 우리의 죽음도 떠올린다. 과연 우리는 어떻게 살아야 할까?

37
천국은 어디에 있을까?

'천국'은 하느님이 계시는 곳이다. 그래서 우리는 천국을 '하느님 나라'라고도 한다. 하느님과 함께할 수 있다면, 그보다 더 큰 행복이 없을 것이다.

우리 가운데에는 '이 세상에서 천국을 보는 사람'이 있는가 하면, '이 세상에서 지옥을 경험하는 사람'도 있다. 물론 이 세상이 천국처럼 아름답기만 할 수는 없을 것이다. 그렇다고 지옥처럼 두려운 곳만도 아닐 것이다. 이 세상에서 누리는 기쁨이나 행복은 안타깝게도 영원할 수 없다. 마찬가지로 이 세상에서 경험하는 슬픔이나 불행도 언젠가는 끝난다.

예수님은 하느님 나라에 관해 알려 주셨다. 우리가 이 세상에서도 하느님 나라를 느낄 수 있다는 사실을 분명하게 알려 주신 것이다. 그리고 우리도 언젠가 하느님 나라에 들어갈 때가 올 테니, 항상 깨어 있으라고 가르쳐 주셨다.

 **그리스도인에게 죽음은 끝이 아니라 새롭고 영원한 삶의 시작이다!**

사람은 누구나 죽지만, 우리 그리스도인은 "나는 부활이요 생명이니 나를 믿는 사람은 죽더라도 살 것이다."(요한 11,25) 하신 예수님의 말씀에 따라 그분과 함께 부활하리라는 희망을 갖게 되었다. 그래서 우리는 죽음을 두려워할 필요가 없는 것이다.

우리가 죽으면 하느님은 이 세상에서 하느님과 이웃에 대한 사랑을 실천했는지 심판하신다.

천국은 하느님 뜻에 따라 산 사람이 천상의 성인들과 더불어 하느님과 함께 복된 상태에 있는 것을 말한다.

연옥은 천국의 기쁨을 누리기 위해서 잠시 머물면서 죄를 정화하는 곳이다.

지옥은 하느님의 은총과 사랑을 거부하고 죄의 상태에서 죽은 사람이 하느님과 영원히 단절되는 것을 의미한다.

38
동물도 천국에 갈 수 있을까?

　우리는 천국에서 산다는 것이 무엇인지 정확히 모른다. 그래서 고양이나 강아지를 비롯한 동물들이 천국에 갈 수 있다고 확실하게 대답할 수 없다. 그렇지만 짐작해 볼 수는 있다.

　예를 들면 우리는 하느님이 이 세상의 모든 것을 창조하셨다고 믿는다. 그리고 언젠가 하느님 나라에 가길 원한다. 부활을 믿으니 죽은 다음에는 꼭 그렇게 되기를 바란다. 이는 하느님 곁에서 영원히 함께 사는 것을 뜻할 것이다. 물론 천국에서 사는 것은 지금과는 다르겠지만, 서로 알아볼 수는 있을 것이다. 그리고 예수님이 이 세상에서 좋고 중요하다고 가르쳐 주신 것은 천국에서도 그러하리라고 믿는다. 또한 하느님이 만드신 모든 것은 하느님을 찬미할 것이다. 우리가 좋아하는 애완동물도 하느님이 만드셨으니 하느님의 기쁨일 것이다.

　우리가 그 동물들과 함께 천국에서 살아갈지 정확히 알 수는 없다. (누가 천국을 다녀왔으면 몰라도!) 다만 우리가 기억하는 한 착하고 귀여운 동물은 우리 곁에서 영원히 사라지지 않을 것이다.

39
천사는 날개가 있을까?

이 질문은 대답하기가 매우 어렵다. 아무도 천사를 본 적이 없기 때문이다. 천사 역시 하느님이 창조하셨다. 그러나 사람과 달리 '몸'이 없다. 그래서 키가 큰지 작은지, 뚱뚱한지 날씬한지 알 수 없다. 그래서 날개가 있는지 없는지도 알 수 없다. 천사들이 어디든 쉽게 오가려면 날개 비슷한 것이 있을 거라고 상상해 볼 수 있지만, 정확히는 알 수 없다.

물론 성경에는 하느님을 모시는 천사들에 관한 이야기가 있다. 예를 들면 '사랍들(세라핌)'은 특별한 존재다. 그들은 하느님을 호위하려고 창조되었기 때문에 하늘나라에는 하느님 가까이에 그들을 위한 자리가 따로 있다고 한다. 그리고 그들은 하느님을 "거룩하시다, 거룩하시다, 거룩하시다, 만군의 주님!"(이사 6,3) 하고 찬

> "그분 위로는 사랍들이 있는데, 저마다 날개를 여섯씩 가지고서, 둘로는 얼굴을 가리고 둘로는 발을 가리고 둘로는 날아다녔다."(이사 6,2)

미한다. 물론 이 세상에 사는 우리도 그들처럼 하느님을 찬미하는 노래를 부른다. 성경에는 천사가 대부분 성인 남자로 표현된다. 흔히 보는 그림이나 인형처럼 작은 날개가 달린 귀여운 노랑머리의 아이가 아니다.

'천사'는 하느님의 뜻을 알려 주는 '전령'이기도 하다. 신약 성경에서도 천사가 등장하는데, 바로 우리가 잘 아는 가브리엘 대천사다. 가브리엘 대천사는 성모 마리아에게 나타나 성모님이 예수님을 잉태할 것이라고 알려 드린다. 이처럼 천사는 이 세상의 구원을 알려 주고 하느님의 명령에 따라 사람을 도와준다고 한다.

주님 탄생 예고
프라 안젤리코(Fra Angelico, 1387~1455), 1440(1449)년경, 프레스코화, 피렌체 산 마르코 박물관

40
지옥은 어떤 곳일까?

 우리는 지옥에 대해서 아는 바가 별로 없다. 다만 여러 이야기가 서로 다른 식으로 많이 전해 온다. 약 1000년 전에는 지옥을 아주 크고 무시무시한 불구덩이처럼 생각하였다. 아주 뜨겁고 참기 힘든 고통이 가득한 곳이라고 여겼던 것이다.

오늘날에는 지옥에 대해 새로운 의미를 찾게 되었다. 사람들이 편을 나눠 싸우기만 하는 곳이 바로 지옥이라는 것이다. 그렇게 서로 갈라져서 싸우면 마음이 몹시 불편하고 슬프다. 정말 미워하는 사람과 함께 지내야 한다면 생각만으로도 끔찍할 것이다. 지옥 한가운데 놓이지 않으려면 어떻게 해야 할까?

누군가와 함께 지내거나 눈길이 마주치는 것조차도 불편한 이유는 무엇일까? 바로 '미움' 때문이다. 우리는 미워하는 마음 때문에 불편해진다. 미워하며 서로 원수처럼 지내다 보면 하느님을 잊어버리게 되어 우리가 사는 세상은 지옥으로 바뀔 것이다.

전해 오는 말에 따르면, 악마는 예전에 천사였다고 한다. 그런데 하느님의 뜻을 따르지 않게 되어 악마가 되었고 결국 그들이 하느님의 뜻이나 명령을 항상 거스르기 때문에 지옥이 생겨났다고 한다.

　하느님은 지옥이 생기기를 바라지 않으셨다. 그분은 우리가 서로 사이좋게 잘 지내기를 바라셨다. 이처럼 온 세상이 평화로워지는 것이 하느님의 뜻이다. 그러므로 우리가 각자 자유로이 하느님의 뜻에 따라 살아야 한다.

제3장

교회에 대한 궁금증

41
교회란 무엇일까?

교회에는 두 가지 의미가 담겨 있다. 첫 번째는 예수 그리스도를 믿고 하느님을 우리의 아버지(부모님)로 모시며, 그분의 자녀로서 세상의 모든 이를 우리의 형제자매로 받아들이는 신자들 모임을 가리킨다. 두 번째는 사람들이 한자리에 모여 하느님께 기도드릴 수 있도록 지은 건물이나 성전을 의미한다.

이 신자들의 모임에는 다양한 사람들이 참석한다. 남녀노소, 가난한 이든 부유한 이든 상관없이, 국적, 신분, 직업, 취미 등이 서로 다른 사람들이 수천 또는 수만 명이 함께 모여 하나같이 하느님께 기도하며 미사를 드린다. 그들을 모두 하나로 묶어 주는 것은 '하느님에 대한 같은 믿음'이다.

건물을 의미하는 교회는 성당이라고 더 자주 부르는데, 성당 역시 건축 시기, 건물 크기, 외관과 내관의 형태 등 그 모습이 곳곳마다 서로 다르다. 성당에는 다른 건물들과 달리 스테인드글라스로 유리창이 장식되어 있는 곳이 많고, 커다란 십자가가 걸려 있으며, 제단을 중심으로 많은 의자가 줄을 지어 가지런히 놓여 있다.

오래된 교회에는 높은 종탑이 있는 곳도 있다. 요즘에는 거의 종을 치지 않지만, 예전에는 기도 시간이나 미사 시간에 종을 쳐서 알려 주기도 했다(특히 유럽에는 아직도 시간에 맞춰 종을 치는 곳이 있다). 그래서 종탑에는 흔히 '커다란 시계'도 함께 걸려 있다.

시계가 없던 시절에는 시간에 맞춰 울리는 종소리로 시간을 알 만큼 성당 종소리의 역할이 컸다. 또한 크기가 서로 다른 종들을 매달아서 시간과 분을 정확히 알려 주기도 했다고 한다. 나아가 결혼식 또는 장례식이 있거나 주일과 평일, 주님 부활 대축일이나 주님 성탄 대축일 등에 따라 종소리가 각각 달라서 사람들은 종소리를 듣고 그날이 무슨 날인지 알 수 있었다고 한다.

42
어떤 성당에서는
왜 닭 장식을 할까?

우리나라에는 흔치 않지만, 외국의 성당 사진이나 그림에서 가끔 성당 종탑 위에 '닭' 모양의 장식을 본 적이 있을 것이다.

새벽을 가장 먼저 알리는 동물로 알려진 닭은 오래전부터 하루의 시작을 알리는 파수꾼으로 여겨 왔다. 요즘도 시골에서는 첫 닭이 울면 시계를 보지 않더라도 날이 곧 밝으리라는 것을 알아챈다. 그래서 그리스도인들은 예수님이 다시 오시면 가장 먼저 닭이 우리에게 그 소식을 알려 줄 것이라고 생각해서 닭 모양의 장식을 성당 맨 꼭대기에 매단 것이다. 또한 풍향계를 함께 달아 바람의 방향도 알 수 있도록 했다. 그래서 옛날에는 강풍이 어디에서 부는지 알아차려 미리 창문을 닫거나 걸어 잠가 피해가 없도록 대비할 수 있었다.

신약 성경에서 닭은 믿음을 지키지 못하는 순간에 경종을 울리는 동물로 소개된다. 예수님이 로마 병사에게 붙잡히시기 전에 베드로 사도는 "모두 떨어져 나갈지라도 저는 그러지 않을 것입니다."(마르 14,29) 하고 굳게 다짐하였다. 그러자 예수님은 "오늘 이 밤, 닭이 두 번 울기 전에 너는 세 번이나 나를 모른다고 할 것이다."(마르 14,30) 하고 말씀하셨다.

그 후 예수님이 체포되셨을 때 함께 있던 제자들은 모두 도망쳤고 예수님을 뒤따랐던 베드로 사도 역시 도망쳤다. 그는 주위 사람들이 "당신도 저 나자렛 사람 예수와 함께 있던 사람이지요?"(마르 14,67) 하고 물었을 때, "나는 당신들이 말하는 그 사람을 알지 못하오."(마르 14,71)라고 하면서 세 번이나 예수님을 모른다고 잡아뗐다. 바로 그 순간 어디선가 닭이 울었다. 그러자 베드로 사도는 예수님이 하신 말씀이 생각나 울었다.

이렇게 닭은 오늘도 성당 종탑 맨 꼭대기에서 우리의 믿음이 얼마나 굳건한지 말없이 묻는다. "예수님을 끝까지 믿겠느냐? 네가 처음 약속한 믿음을 무슨 일이 있어도 끝까지 지킬 수 있겠느냐?" 하고 질문하는 것이다.

구약 성경에는 닭 이야기가 한 번도 나오지 않는다!
사실 닭 모양의 장식이나 상징물은 기원전 약 5세기에 인도에서 시작되어 페르시아와 메소포타미아를 거쳐 팔레스타인 지역에 들어왔다고 한다. 만일 구약 성경에서 '깃털이 있는 날짐승' 이야기가 나온다면 그것은 거위나 오리를 가리킨다.

43
성당에는 무엇이 있을까?

성당마다 외관은 다를 수 있지만, 그 구조는 거의 비슷하다. 성당에 가면 가장 먼저 마당이 있고, 사무실과 사제관, 교리실과 강당, 수녀원 등이 있다. 형태나 크기는 달라도 대부분의 성당에는 이런 공간이 있다.

기도와 미사를 드리는 성당 안을 보면 보통 우리가 사는 집과 달리 천장이 높다. 그 이유는 예로부터 하늘과 맞닿은 곳에 하느님이 계신다고 생각했기 때문일 것이다. 또한 성당은 하느님의 성전이기 때문에 사람들은 이곳을 아름답게 꾸미려고 한다. 그래서 화려한 스테인드글라스, 반짝이는 대리석, 밝은 조명, 가지런한 의자들, 촛불과 예쁜 꽃으로 제단과 성당 내부를 꾸민다.

성당 문 옆에는 '성수대'가 있다. 성당에 들어가기 전에 성수를 찍은 뒤 성호를 그으면서 "주님, 이 성수로서 저의 죄를 씻어 주시고 마귀를 몰아내시며 악의 유혹을 물리쳐 주소서." 하고 기도한다. 이렇게 성당에 들어가기 전에 몸과 마음이 깨끗해지기를 빌고, 차분하고 바른 마음을 지니고 성당에 들어서야 한다.

그리스도교 신자가 되려면 누구나 물로 세례를 받는데, 이 세례를 주는 세례대가 놓인 곳은 성당마다 다를 수 있다. 우리나라 성당에는 세례대가 없는 성당이 많다. 세례대가 없다고 해서 세례를 줄 수 없는 것은 아니다. 세례는 신자의 삶이 시작되는 순간이기 때문에 세례대는 보통 출입구 옆에 있다. 그렇지 않으면 세례성사가 진행되는 제대 옆에 두기도 한다. 이를 통해 신자의 삶이 세례성사에서 시작하여 제단에서 이루어지는 성체성사로 완성된다는 사실을 알 수 있다.

성호경을 바치는 방법

왼손을 먼저 가슴에 붙이고 오른 손가락을 모두 펴 한데 모아 가볍게 이마에 대었다가 떼면서 "성부와" 하고, 그 손을 내려 가슴에 대면서 "성자와" 하고, 또다시 왼쪽 어깨 끝에 대었다가 떼면서 "성령의" 하고, 곧바로 오른쪽 어깨 끝에 대며 "이름으로" 하면서 다시 가슴 앞에서 두 손을 모은 다음, "아멘" 하고 외운다.

이렇게 외운 것을 '성호경'이라고 한다. 성호경은 짧지만 아주 중요한 기도다. 특히 그리스도교 신자라는 사실을 얼른 알게 하는 훌륭한 표시다. 그래서 그리스도교 신자들은 성당에 들어서거나 미사나 그 밖의 예식 때 또는 어디서든 간단히 기도할 때는 물론 식사 전후 기도 때 항상 먼저 십자성호를 그으며 성호경을 바친다. 신부나 주교가 강복(하느님이 내리시는 축복)을 줄 때도 그 끝에는 성호경을 바친다.

44
성당을 위에서 내려다보니……

만일 종탑과 같은 높은 곳에서 내려다보면 온 동네가 한눈에 들어올 것이다. 성당도 높은 데서 내려다보면 어떤 모습일까?

성가대석이 있는 2층이나 또는 더 높이 올라가서 내려다보면 성당 안이 한눈에 보일 것이다. 혹시 올라갈 수 없으면 눈을 지그시 감고 성당 안을 떠올려 보자.

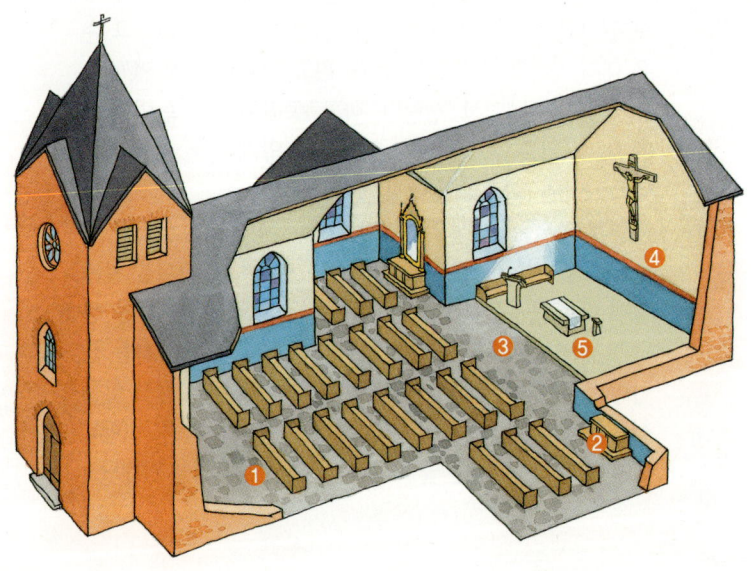

❶ 성당 입구에서 제단 앞까지 의자가 길게 놓여 있는데, 여기에 신자들이 앉거나 서서 미사에 참례하고 기도한다.

❷ 감실이나 성모상이 모셔져 있거나 전례 해설대가 있기도 하다.

❸ 제단 바로 앞에 있는 넓은 공간에서는 주로 성체 분배를 하거나 봉헌 바구니를 놓기도 한다. 세례 예식이나 혼인 예식도 여기서 한다.

❹ 제대 뒤쪽에 있는 벽은 보통 동쪽을 향한다. 빛이 잘 들어오도록 예전에는 제대 뒤벽에 스테인드글라스를 이용하였다. 그러나 요즘에는 대부분 제대 뒤벽을 단단한 대리석으로 세운 뒤 큰 십자가를 건다. 그 아랫부분에는 대부분 '감실'이 있다.

❺ 제단에는 모든 예식의 중심이 되는 제대가 있다. 특별한 경우를 제외하고 제단은 화초로 아름답게 꾸밀 수 있다. 제단은 주변보다 위치가 높아 뒤에서도 제단에 있는 제대를 쉽게 바라볼 수 있다. 성찬 전례가 이루어지는 제대는 밝은 조명으로 사람들의 시선이 집중되게 한다. 또한 제대 옆(오른쪽)에는 독서대가 있다. 이 독서대는 전례 봉사자가 그날의 성경 구절을 봉독하고, 화답송을 하며 이어서 사제가 그날의 복음을 봉독하고, 강론을 한다. 이 독서대는 바로 하느님 말씀을 선포하는 '말씀의 식탁'이다.

45
제대는 어디에 둘까?

성당에서 가장 중요한 곳은 '제대'다. 그래서 성당 안 어디서든 쉽게 바라볼 수 있는 곳에 제대를 둔다.

제대는 대부분 돌이나 단단한 나무로 만든다. 사제는 제대에서 미사를 봉헌한다. 그래서 제대 위에는 빵과 포도주, 촛대, 때로는 작은 십자가, 미사 경본을 놓는다.

제대 옆의 독서대 위에는 마이크와 성경을 놓고 '말씀 전례'를 거행한다. 그 밖에도 제대 벽에 십자가를 걸어 놓거나 감실을 두어서 미사나 그 밖의 모든 예식 때마다 예수님의 죽음과 부활을 기억한다.

> **제대 안에 성인들의 유해나 유품이 있다!**
> 이는 오래전부터 교회에 성인들의 시신을 모셨던 전통을 따른 것이다. 성인들의 깊은 믿음을 제단으로 삼아 미사나 기도를 드리면 하느님 마음에 드실 것이라고 믿기 때문이다.

46
감실은 왜 있을까?

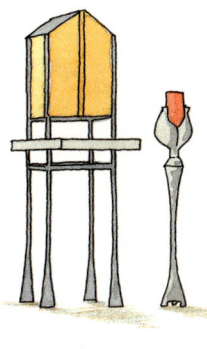

감실   성체등

성당에는 항상 감실이 있다. 감실은 성체를 모셔 둔 곳으로, 대부분 성체를 성합에 담아 모신다.

초기 그리스도교 시대에는 성체를 집안에 모셨으나, 4, 5세기경부터 성당에 모셔 두는 관습이 생겼고, 8세기에는 제단에 모시게 되었다. 제2차 바티칸 공의회 이후 지금과 같은 형태의 감실을 만들어 성체를 보관하도록 규정했다. 감실은 보통 황금빛의 작은 금속 상자로 불꽃이나 십자가 등의 모양으로 화려하게 장식된다.

감실 옆에는 붉은 성체등이 켜져 있는데, 이를 '무덤을 비추는 등불' 또는 항상 켜 놓기 때문에 '영원한 불'이라고도 부른다. 이렇게 성체등을 밝힘으로써 '주님의 몸'인 '성체'가 감실에 있음을 알려 준다. 예식이나 미사가 시작되기 전에 성당에 들어온 신자는 감실 안의 '성체'를 향해 머리를 숙여 예의를 갖추어야 한다. 예식이나 미사 때가 아닌 경우에도 감실을 향하여 예의를 갖추어야 한다. 감실은 성체를 모신 곳이기 때문이다. 성체는 예수님의 몸으로, 함부로 하면 안 되기 때문에 사제와 허락된 사람 외에는 감실에 손댈 수 없도록 규정되어 있다. 따라서 보통 때 감실은 자물쇠로 잠가 둔다. 미사처럼 감실을 여닫을 일이 있을 때에는 감실 앞에 열쇠를 두었다가 여닫는다.

 감실은 원래 '천막'을 가리켰다!
고대 이스라엘에서 감실은 야훼 하느님이 사람들 가운데 함께 머무르시는 천막을 뜻했다. 이를 '만남의 천막' 혹은 '성막'이라 불렀다.
광야에서 유목 생활을 했던 고대 이스라엘 백성은 벽돌이나 나무로 만든 집이 아니라 천막에서 지냈다. 그래서 하느님도 '만남의 천막'에 모셨던 것이다.
'만남의 천막' 혹은 '성막'은 이스라엘 백성이 하느님을 만나는 유일한 곳으로 매우 중요했다. 물론 대사제 외에는 함부로 출입할 수도 없을 만큼, '주님의 영광'이 머무르는 '거룩한 장소'였다.

47 미사 드릴 때 왜 성가를 부를까?

성당에는 파이프 오르간이나 전자 오르간 등 오르간이 있다. 보통 제단 옆이나 성당 뒤편 성가대 옆에 있다.

파이프 오르간은 말 그대로 크고 작은 수많은 파이프를 통해 다양한 소리를 낸다. 어떤 파이프는 트럼펫 소리를, 어떤 파이프는 플루트 소리를, 심지어 어떤 파이프는 새들의 지저귐처럼 아름다운 소리를 낸다. 때로는 피아노 소리를 낼 수도 있다. 그래서 여러 악기를 합주하는 오케스트라처럼 파이프 오르간 한 대로 웅장하고 아름다운 소리를 낼 수 있다. 또한 피아노와 달리 건반이 서너 줄이고 발판도 건반처럼 되어 있으며 여러 단추가 있

어 이를 이용하여 연주하면 매우 다채로운 소리를 낼 수 있다. 반주자는 그날 미사에 쓰일 성가를 미리 연습한다.

보통 미사의 시작(입당)과 끝(파견), 봉헌과 영성체 때 다 함께 성가를 부르지만, 대영광송이나 주님의 기도 등 몇몇 기도도 성가로 바친다. 그런데 왜 말로 하지 않고 노래로 부를까? 성가로 바치는 기도나 미사 전례가 더욱더 아름답기 때문이다. 그래서 반주나 성가 연습에 많은 시간과 노력을 들인다. 그러니 성가로 봉헌하는 미사는 더욱 정성을 들인 미사가 될 것이다.

고대 이스라엘 시대부터 하느님께 드리는 예배를 성가와 함께 바쳤다는 것은 성경에서도 쉽게 찾아볼 수 있다. 예를 들면 시편 기도는 대부분 성가와 함께 바칠 수 있다. 하느님께 아름다운 노래로 바치는 기도나 미사는 분명 우리의 진심을 전하는 데 매우 뜻깊은 방법일 것이다.

세상에서 가장 큰 악기는 오르간이다!

사람들은 오르간을 '악기의 여왕'이라고 한다. 오르간은 대부분 크지만, 작은 것도 있다. 오르간 제작자는 성당 규모나 주문자의 요청에 맞는 크기로 오르간을 제작할 수 있기 때문이다. 만약 기회가 된다면 성당의 오르간을 유심히 살펴보는 것도 좋을 것이다.

48
성당 안에서 큰 소리로 이야기해도 될까?

성당은 하느님께 기도를 드리려고 지은 건물이다. 성당에서는 거의 매일 가장 훌륭한 기도인 미사가 거행된다. 미사가 거행되지 않을 때에는 사람들이 개인적으로 기도하려고 성당을 찾는다. 그래서 성당은 조용한 곳이어야 한다. 시끄럽거나 소란스러우면 기도에 집중하기가 힘들기 때문이다. 그러므로 성당 안에서 큰 소리로 이야기하는 것은 바람직하지 않다.

물론 돌아다니면서 성당 안팎을 조용히 구경할 수는 있다. 벽에 걸린 성상(조각상)이나 그림 또는 스테인드글라스를 찬찬히 살펴볼 수도 있다. 또는 예수님이 걸으신 '십자가의 길'을 따라 묵상할 수도 있다.

전 세계 가톨릭 신자들이 해마다 다 함께 십자가의 길을 바칠 때가 있는데, 바로 주님 수난 성금요일이다. 예수님이 십자가에 매달려 돌아가신 사건을 함께 기억하는 날이기 때문이다.

그 밖에도 대성당이나 성지 순례지로 지정된 성당에는 그림이나 조각 등이 무척 아름답다. 또한 성당의 역사에 대해 듣는 것도 매우 흥미진진하다. 제단 앞을 장식한 꽃이나 화분을 보면 사람들이 왜 항상 성당을 깨끗하고 아름답게 만들려고 하는지, 또 얼마나 정성스럽게 보존하려고 하는지 금방 알 수 있다.

아름다운 스테인드글라스를 볼 수 있는 성당들이 있는데, 서양에서는 제오르지오 성인의 모습을 그린 스테인드글라스가 많은 편이다.

49
성당에서는 왜 가끔씩 이상한 냄새가 날까?

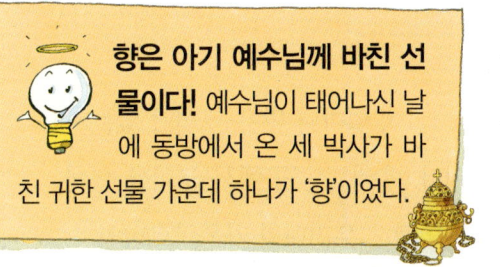

향은 아기 예수님께 바친 선물이다! 예수님이 태어나신 날에 동방에서 온 세 박사가 바친 귀한 선물 가운데 하나가 '향'이었다.

성당에 들어서면 가끔 향내가 난다. 주일 미사나 특히 대축일 미사 때 향을 피우는 경우가 있기 때문이다. 성경에서도 중요한 기도를 바칠 때 향을 피우는 예식을 거행했다고 한다. 이는 우리의 마음을 모아 하느님께 들어 올리는 것을 상징한다.

성경에서는 이렇게 노래한다.

"저희 기도 당신 면전의 분향으로 여기시고, 저의 손 들어 올리니 저녁 제물로 여겨 주소서."(시편 141,2)

향을 피우는 화로인 향로는 기다란 사슬로 연결되어 있다. 사제나 부제는 향이 퍼질 수 있도록 향로의 사슬을 앞뒤 또는 옆으로 흔든다. 그러면 향로 위로 연기가 피어오르고 냄새가 성당에 가득 찬다. 미사에 참례하는 모든 사람이 같은 향내를 맡으면서 한마음이 되는 일도 중요할 것이다.

50
이 세상에는 교회가 얼마나 될까?

성 베드로 성당

이 세상에 얼마나 많은 교회가 있는지 제대로 아는 사람은 없을 것이다. 우리는 곳곳에서 교회를 쉽게 볼 수 있다. 요즘에는 인터넷이 발달해 우리나라 가톨릭교회의 수가 얼마나 되는지 쉽게 알 수 있다. 각 교구마다 인터넷 홈페이지가 있고, 각 본당도 대부분 홈페이지를 구축하였기 때문이다. 특히 한국 천주교 주교회의 홈페이지(www.cbck.or.kr)를 방문하면 궁금한 점을 언제든지 쉽게 알 수 있다.

한국 천주교회 통계(2018) 자료에 따르면, 우리나라 총 본당 수는 약 1,700개, 공소수는 약 720개다. 우리나라 주교는 추기경 2명을 포함하여 총 40명이 넘는다. 사제는 한국인 사제 약 5,200명, 외국인 사제는 약 150명가량 된다.

우리나라가 통일이 되면 활동할 북한 교구를 포함해서 교구 수는 19개가 되고, 남녀 수도회는 약 160여 개가 있다. 수사는 약 1,500명 정도고, 수녀는 약 1만 명 정도 있다. 가톨릭교회가 관리하고 운영하는 전국 대학교는 약 10개이고, 병원은 40곳이 넘는다.

그러나 개신교나 또 다른 교회(정교회나 성공회)까지 포함한 정확한 수치는 알기 어렵다. 교회가 계속 새로 생겨나는 것도 그 이유 중 하나다.

만일 우리가 단순히 건물이 아니라 '교회의 또 다른 의미'를 생각한다면, 다시 말해 예수님을 믿고 함께 하느님께 기도하는 '신자들 모임'으로서 교회(하느님 백성)를 생각한다면, 오직 '하나뿐인 교회'라고 할 수 있다. 한마디로 "예수 그리스도의 교회는 하나다."라고 말할 수 있을 것이다. 그러나 안타깝게도 예수님을 믿는 사람들은 하나로 뭉치지 못하고 있다.

지금으로부터 약 1000년 전에 교회는 동방 교회와 서방 교회로 나뉘었다. 동방 교회는 오늘날 '정교회'를 가리키고, 서방 교회는 오늘날 로마 교황청을 중심으로 한 '가톨릭교회'를 가리킨다. 그리고 다시 약 500년이 지나 서방 교회 안에서 신앙에 관한 여러 생각이 쏟아져 나오면서 개신교가 가톨릭교회에서 갈라져 나가게 되었다. 신앙에 관해 서로 다르게 생각했던 것이다.

16세기는 서방 교회에 개혁이 일어났다. 다시 말해 꼭 지켜야 할 신앙이 무엇인지 분명하게 밝혀 모두 알아들을 수 있게 해야겠다고 생각한 것이다. 그동안 옳지 못한 습관, 예를 들면 진심으로 죄를 고백하지 않고 고해성사를 보거나, 미사 중에 평화의 인사를 나누지만 실제 생활에서는 서로 이익 챙기기에 바쁜 행동

등은 하루빨리 고쳐야 한다고 보았기 때문이다.

　가장 먼저 수도원에서 가난과 겸손 그리고 이웃 사랑에 관한 실천 운동이 일어났다. 차츰 성직자와 일반 신자들도 그 운동에 동참했지만, 일부에서는 당시 교회의 모습과는 다른 길을 걸으려 했다. 그래서 가톨릭교회를 떠나서 개혁을 외쳤는데, 그들을 가리켜 '프로테스탄트(개혁자)' 또는 '개신교 신자'라고 한다. 이는 '교회를 개혁하려는 사람들의 모임'이라는 뜻이다. 개신 교회는 많은 점에서 가톨릭교회와 닮았지만, 몇몇 모습은 전혀 다르다.

　그렇게 신자들이 갈라서게 된 데에는 여러 가지 원인이 있었다. 예를 들면 당시 백성을 지배하던 권력자와 정치 지도자들이 자신의 힘을 키우는 데 교회 성직자들이 걸림돌이 된다고 여겼던 것도 그 이유 중 하나였다. 그래서 교회의 힘을 약하게 하려면 교회를 분열시켜야겠다고 생각했다. 그러나 그보다 더 중요한 것은 몇몇 믿어야 할 내용이나 방법이 개신교 신자들과 가톨릭 신자들이 서로 달랐다는 것이다. 한쪽에서 중요하다고 여긴 점을 다른 쪽에서는 그렇게 여기지 않았기 때문이다.

교회는 '하느님께 속한다'라는 뜻의 그리스어 '퀴리아케 κυριακη'와 '백성의 모임'이라는 뜻의 '에클레시아 ἐκκλησια'에서 왔다.

그러므로 신자 모임이나 건물 모두 교회라고 부를 수 있다. 이 모든 것이 하느님께 속한다고 할 수 있기 때문이다.

51 공의회란 무엇일까?

공의회는 세상의 모든 주교가 모이는 회의라고 할 수 있다. 한 시대의 신앙이나 윤리와 관련한 중대한 문제의 해결책을 찾으려고 각 교구의 주교들이 모이는 회의다. 예를 들면 '급변하는 세상에서 교회나 가톨릭 신자들은 어떻게 살아가야 할까?'라는 물음에 주교들이 서로 의견을 나누어 적절한 해답을 찾는 것이다.

공의회는 특별한 사건이나 아주 중대한 문제가 생겼을 때 열리기 때문에 매우 드물게 열린다. 그러나 한 번 열리면 몇 년씩 걸린다. 가장 최근에 열린 공의회는 '제2차 바티칸 공의회'다. 이 공의회는 바티칸에서 1962년에 시작하여 1965년에 끝났다.

가톨릭 신자들은 모두 교구에 속하고, 각 교구 책임자인 주교의 지도를 받는다. 그러므로 주교는 각 교구를 대표한다. 그렇게 세상 곳곳의 주교들이 한자리에 모여 가톨릭교회의 신앙과 윤리와 관련한 문제를 해결하려고 노력한다. 교황은 자연히 공의회의 의장이 되어서 공의회에서 주교들이 결정한 것을 교황이 동의하면 최종적으로 그 결과를 세상에 알린다.

52
교황은 무슨 일을 할까?

교황은 보통 주교들이 하는 일을 한다. 로마의 교구장이기도 한 교황은 로마 교구 신자들의 신앙을 염려하고 그들을 도와준다. 그래서 교황을 로마의 주교라고도 한다. 그뿐 아니라 세상의 모든 교구와 주교들, 즉 전 세계 가톨릭 신자들이 모두 하느님 곁에 머무르도록 돌보는 책임도 맡는다. 그래서 세상의 모든 가톨릭 신자들이 무엇을 믿어야 할지, 어려움을 어떻게 이겨 내야 할지 그때마다 가르쳐 주는데, 사목 서한이나 사목 교서 등의 편지를 통해, 또는 전 세계 주교들을 한자리에 불러 모아 알려 주기도 한다.

교황은 매일매일 많은 책과 편지를 읽어야 한다. 여러 나라에서 출간되는 신앙 서적이나 교황에게 보내온 편지들을 읽어야 한다. 또한 방문자들을 만나고, 때로는 중요한 사람들을 교황이 머무는 교황청으로 초대하기도 한다. 물론 매일 미사를 봉헌하고 기도를 바친다. 온 세상을 위해 기도할 것이 무척 많을 것이다.

교황이 지내는 교황청은 바티칸에 있다. 바티칸은 세상이 인정한 또 하나의 작은 국가다. 지리적으로 이탈리아에 속해 있지만, 바티칸의 모든 것은 독립적이다. 그래서 교황에게는 조국은 물론 바티칸 국가의 시민권이 있다.

주님 성탄 대축일과 주님 부활 대축일에 교황은 로마와 전 세계를 특별히 축복한다. 이를 가리켜 '우르비 엣 오르비urbi et orbi'라고 하는데, '(로마) 도시와 전 세계에' 하느님의 축복을 비는 것이다.

바티칸 국가에서 사용되는 화폐나 우표에는 교황이 새겨져 있다!
물론 교황이 돈을 벌려고 그런 것은 아니다. 그것은 하나의 상징이다. 교황은 온 세계 교회의 일치를 상징한다.

53
교황은 무슨 차를 타고 다닐까?

교황은 당신을 보러 온 군중을 전용차에 타고 만나기도 한다. 이탈리아인들은 교황을 '아버지'라는 뜻의 호칭인 '파파Papa'라고 부르는데, 전용차도 '파파 자동차'라고 한다. 교황의 전용차는 한 자동차 회사가 교황을 위해 특별히 제작한 것이다.

전용차는 밖을 훤히 내다볼 수 있도록 특수 유리로 둘러싸여 있고, 교황이 차 안에서 자유롭게 앉거나 설 수 있도록 되어 있다. 교황은 큰 행사 때 많은 신자들을 가까이서 둘러보거나 멀리 이동할 때 전용차를 이용한다. 혹시 교황을 해치는 사람이 있을까 염려해서 자동차 회사는 차창을 특수 유리로 제작하였다.

전용차 번호는 'SCV 1'이다. SCV란 바티칸 시국Stato della Città del Vaticano의 약자인데, 이탈리아가 정한 번호판 형식을 따른 것이다.

54 교황은 어떻게 선출될까?

교황이 사퇴하거나 서거하면 전 세계 모든 추기경이 바티칸에 모인다. 추기경들은 교황이 특별히 신뢰한 이들로, 추기경이란 칭호와 함께 특별한 임무를 맡겼다. 그 임무 중 하나가 바로 교황을 선출하는 것이다.

라틴어로 '열쇠를 잠그다'라는 뜻의 '콘클라베'라고 불리는 교황 선출은 추기경들만 참여할 수 있다. 그들은 따로 시스티나 성당에 모여 새 교황을 선출한다. 교황 선출이 끝날 때까지 시스티나 성당 문은 굳게 잠겨 있다. 마침내 교황이 선출되면 그제야 성당 문이 다시 열린다. 새 교황이 선출되는 동안 교황 선거에 참여

하는 추기경들은 아무도 외부와 연락할 수 없으며, 선출이 끝나더라도 그곳에서 일어난 일은 비밀에 부친다.

　선출 기간에 시스티나 성당 굴뚝에서는 저녁마다 연기가 피어오르는데, 만일 새 교황이 아직 결정되지 않았으면 검은 연기, 새 교황을 선출했으면 하얀 연기가 피어오른다. 성당 바깥에서 기다리던 군중은 굴뚝에 피어오르는 연기 색깔을 보고 그날의 결과를 알 수 있다. 만일 하얀 연기가 피어오르는 것을 보면 사람들은 다 같이 "하베무스 파팜Habemus papam!" 하고 외친다. 이 라틴어는 "우리에게 새 교황이 생겼다!"라는 뜻이다. 선출된 새 교황은 교황청 집무실 발코니에서 군중에게 모습을 드러내고, 모든 이를 위해 첫 강복을 빌어 준다. 그리고 사람들이 알아듣도록 자신의 이름을 크게 외친다.

새 교황으로 선출된 분은 먼저 '교황으로 살아가겠느냐'는 질문을 받는다!

　이는 교회의 모든 직분이 그러하듯 교황 직분도 자유 의사로 결정된다는 뜻이다. 선출된 교황은 "교황 직분을 받아들이지 않겠습니다!" 하고 답변할 수도 있다. 그러면 추기경들은 새 교황을 다시 선출해야 한다. 그런데 이런 적이 있었는지는 아무도 모른다. 이 과정이 모두 비밀리에 진행되기 때문이다. 교황의 직분을 수락한 새 교황은 자신의 새로운 이름을 지을 수 있다.

55 교구란 무엇일까?

교구는 주교가 책임지고 관리·감독하는 지역 교회를 가리키는데, 여러 본당으로 되어 있다. 각 본당의 사제들은 교구 주교의 지시를 받는다. 한국에는 19개 교구(서울대교구, 대전·인천·수원·의정부·원주·춘천·평양·함흥교구, 덕원자치수도원구, 대구대교구, 부산·청주·마산·안동교구, 광주대교구, 전주·제주교구, 군종교구)가 있다. 다른 교구에 비해 역사가 깊고 지역이 넓은 곳은 '대교구'라고 칭한다. 대교구는 대주교가 관리·감독한다. 우리나라에는 대교구가 세 곳(광주·대구·서울)이 있는데 가장 큰 교구는 서울대교구다.

우리나라 교구 현황

56
주교는 어떤 때 어떤 옷을 입을까?

주교관

주교
반지

목장

주교는 일반 사제와는 달리 주교관을 쓰고 목자의 지팡이(목장)를 짚고 전례에 임한다. 또한 주교는 오른손에 특별한 반지를 낀다.

미사나 예식이 없을 때에도 주교의 옷은 일반 사제와 많이 다르다. 기다란 검은색 옷 위에 넓은 자주색 천이 허리를 둘러 왼쪽으로 길게 드리운 것을 볼 수 있다. 물론 주교는 작은 자주색 덮개인 필레올루스(주케토)를 쓰고 있어서 멀리서도 쉽게 알아볼 수 있다. 그러나 주교도 우리처럼 평상복을 입을 수 있다. 필레올루스를 쓰지 않고 로만 칼라 셔츠에 양복을 입을 수도 있다.

다만 항상 반지를 끼고 있고, 금속 사슬로 연결된 작은 십자가를 대부분 걸고 있기 때문에 신자들이 쉽게 알아볼 수 있다.

필레올루스
(주케토)

57 주교는 어떤 일을 할까?

주교는 주교로 임명되기 전에 사제로 활동했다. 교황이 사제들 가운데서 해당자를 뽑아 주교로 임명한다. 이를 통해 주교는, 본당이 아니라 여러 본당이 모인 교구를 책임지고 관리·감독하는 임무를 맡게 된다.

주교는 교구에 속한 모든 본당이 한 교회, 즉 같은 믿음에 따라 일치하는 공동체가 되도록 항상 염려한다. 각 본당의 사제들은 주교를 도와주는 이들로, 주교를 중심으로 교구 내 모든 본당이 하나 되도록 노력한다. 그렇게 세상의 모든 교구가 다시금 교황을 중심으로 하나 되는 것이다. 이 점은 무척 중요하다.

교황과 주교는 많은 양 떼를 돌보는 목자다. 그러므로 교황을 위해 자주 기도드리듯 자신이 속한 교구 주교도 존경하고 그분을 위해 기도드리는 것이 좋다. 신앙 고백(사도 신경)과 보편 지향 기도를 바칠 때에도 먼저 전 세계 교회 또는 교황과 주교가 모두 하나 되어 한 분이신 하느님 안에서 서로 도우며 살아가도록 마음을 모아 빈다.

58
사제는 제의를 어디서 갈아입을까?

모든 성당에는 제의방이 있다. 보통 제단 옆에 제의방으로 들어가는 문이 있다. 그곳에는 사제의 제의, 미사나 다른 예식 때 필요한 성구들이 보관되어 있다.

예를 들면 촛대, 초, 십자가, 미사 경본, 향로, 향, 성수 그릇, 성작, 성반, 성작 수건, 주수병(미사 때 사용되는 물과 포도주를 담는 작은 병)은 물론 복사복이나 미사에서 독서를 봉독하는 독서자의 예복이 있다. 그 밖에도 세례 예식이나 장례 예식에 필요한 도구, 마이크나 램프는 물론 성당 내부 조명을 조절하는 스위치 등이 있다.

보통 일주일이나 한 달 동안 봉헌할 미사 또는 다른 예식에 대한 일정표가 벽에 걸려 있고, 어떤 복사가 언제 사제를 도와야 하는지 등도 함께 기록되어 있다. 제의방 뒤에 성당 밖으로 통하는 문이 있는 경우도 있다. 때때로 어떤 성당은 그 문이 사제의 숙소와 연결되기도 한다. 사제는 이 제의방에서 제의를 갈아입는다.

제의방에서는 성당에서처럼 조용하고 다소곳하게 행동해야 한다. 미사나 다른 경건한 예식을 앞둔 만큼 차분하게 기다리고 준비해야 하기 때문이다. 대부분 수녀나 신학생이 미사나 예식을 위한 준비를 하고 복사들이 이를 잘 봉사할 수 있게 도와준다.

'**장백의**'(제의 안에 입는 옷으로 그 위에 허리띠를 착용함) 겸 '**백색 제의**'(오늘날 그 위에 색깔별로 다른 영대를 걸쳐 제의를 대신하기도 함)

복사 옷(성당마다 모양이 조금씩 다를 수 있음)

미사 제의(색깔별로 구별되어 있음. 207~209쪽 참조)

영대(그리스도의 십자가를 상징하는 영대는 부제는 한쪽 어깨에, 사제는 양어깨에 걸침)

59
본당 공동체의 소명은 무엇일까?

가톨릭교회는 우리가 사는 지역의 크기에 따라 구별하여 부르는 이름이 있는데, 본당, 교구, 전체 교회로 부른다. 지역마다 신앙인들이 함께 모여 신앙생활을 하도록 마련된 곳이 본당이다. 본당에는 본당 신부와 수녀가 있고, 본당 사무실에서 일하는 사무장(또는 사무원)이 있다. 그 밖에도 성당 시설 등을 보수 관리하는 관리인이 있다. 본당에 특별한 봉사 단체가 있는 경우에는 그분들과 함께 생활할 수 있다. 유치원이 있는 본당도 있는데, 그런 경우 유치원은 본당 신부의 책임하에 있지만, 대부분은 유치원 원

장(대부분 수녀)에게 일임한다. 유치원 원장은 유치원 교사들과 함께 아이들을 보살피고 교육, 간식, 소풍 등을 계획한다.

본당 신부는 몇 가지 아주 특별한 일을 한다. 가장 중요한 일은 성사를 거행하는 일이다. 특히 매일 집전하는 미사, 즉 성체성사는 매우 중요하다. 그 밖에도 신자가 되기 위한 세례성사, 죄를 고백하고 용서받는 고해성사, 아프거나 죽어 가는 사람을 위한 병자성사, 새로운 가정을 꾸리려는 이들을 위한 혼인성사 등의 성사들을 거행한다.

본당 수녀들은 본당 신부를 도와 첫영성체 교리반, 예비 신자 교리반에서 교리를 가르치거나 교리 교사들을 지도한다. 또한 성사에 필요한 것을 준비한다. 신부의 제의나 제대포, 제단 앞을 꾸미는 일, 미사에 알맞은 초의 색깔과 숫자를 살피고 복사가 미사에 빠지지 않도록 순서를 정하거나 평일 미사에서는 오르간 반주를 하기도 한다. 또한 본당 신부가 가정을 방문하거나 병자 영성체(미사 참례가 어려운 병자에게 사제가 성체를 모셔가서 영해 주는 것)를 하러 갈 때 동행하기도 하고, 레지오 마리애 회합에서 훈화도 한다.

60
복사는 어떤 일을 할까?

첫영성체를 한 사람은 복사가 될 수 있다. 복사는 '봉사하다'라는 뜻의 라틴어 '미니스트라레ministrare'에서 유래했다. 복사는 미사, 성체, 강복 등을 거행할 때 사제를 도와 예식이 원활하게 진행되도록 보조하는 봉사자다. 보통 첫영성체 후에 복사단을 이끄는 교사나 수녀 또는 사제가 개인적으로 뜻을 물어 복사를 정할 수 있다. 남녀 누구나 복사가 될 수 있다.

복사는 대부분 미사 때 빵과 포도주, 사제가 손을 씻는 물과 닦을 수건을 나르고 초에 불을 붙이거나 옮기는 일을 한다. 성찬 전례 때 종을 치거나 흔드는 것도 복사에게 중요한 일이다. 때때로 분향 예식에서는 향로와 향을 준비하고 흔들기도 한다. 그러므로 복사는 미사나 그 밖의 예식 절차를 누구보다 정확히 알아야 한다. 그래야 재빨리 준비해 사제를 도울 수 있다. 복사가 앉을 의자도 사제의 행동을 눈여겨볼 수 있는 자리에 준비된다. 그래야 사제를 도와 미사나 예식을 순조롭게 진행할 수 있다. 그만큼 복사는 중요하다. 보통 특별한 미사에서 새 복사를 받아들인다.

61
한 하느님을 믿는 갈라진 형제들

개신 교회 신앙인은 이 세상 모든 것이 하느님에게서 오며 하느님이 모든 것을 결정하신다고 확신한다. 그래서 "제가 이런저런 선행을 했으니 하느님은 제게 마땅히 복을 내려 주셔야 합니다!"처럼 기도해서는 안 된다고 믿는다.

가톨릭교회의 신앙인도 하느님은 우리가 어떠어떠한 선행을 했기 때문에 그 보답으로 사랑과 은총을 주시는 것이 아니라 무조건 공짜로 사랑과 은총을 주신다고 믿는다. 그래서 하느님의 '사랑'이나 '은총'을 하느님의 선물이라고 한다. 이는 결국 하느님의 사랑이나 은총은 어떤 대가나 보상이 아니기에 흥정하듯 요구할 수 없다. 과거에는 이런 은총과 공덕의 문제로 가톨릭교회와 개신 교회가 서로 다른 생각을 했으나 오늘날은 어느 정도 서로의 믿음을 인정하게 되었다.

가톨릭교회에는 신부, 주교, 추기경, 교황 등의 성직자 신분이 나뉘어 있지만 개신 교회의 성직자는 목사(주임 목사, 부목사)가 전부다. 개신 교회에는 여성 목사도 있다.

가톨릭 신자들은 다른 그리스도교 신자들처럼 하느님이 모든 것을 주신다고 믿지만, 교회로부터 하느님의 사랑을 받는다고도 믿는다. 예수님이 "세상 끝 날까지 언제나 너희(교회)와 함께 있겠다."(마태 28,20)라고 말씀하셨기 때문이다. 그래서 교회에 관한 믿음이 개신교 신자들과 다르다고 볼 수 있다.

가톨릭 신자는 예수님의 복음을 전하는 사명이 교회에 있기 때문에 교회는 일곱 성사를 베풀면서 힘을 합쳐 신앙을 더욱 굳세게 지켜 나가야 한다고 생각한다. 하느님은 사람들에게 선물을 주려고 교회를 활용하신다고 믿는 것이다. 이처럼 일곱 성사를 베푸는 교회는 하느님 은총의 도구로서 역할을 하는 것이지 하느님보다 결코 우위에 있을 수 없다. 그래서 프란치스코 성인의 '평화의 기도'를 기억해야 한다. "주님, 저를 당신의 도구로 써 주소서!" 그러면서 가톨릭교회는 교회가 맡은 선교 사명, 즉 복음을 통해 하느님의 은총을 전해 주는 사명을 다하려고 노력한다.

한편 정교회는 개신교보다 가톨릭교회와 공통점이 더 많다. 정교회는 무엇보다도 '전례'를 가장 중요하게 생각한다. 예배드릴 때 하느님이 우리와 가장 가까이 계신다고 믿기 때문이다. 그래서 정교회의 전례를 가리켜 '성스러운 전례'라고도 한다. 그들의 전례 의식은 매우 엄숙하고 장엄하고 오랜 시간이 소요된다. 이런 전례 의식은 예나 지금이나 별로 변한 것이 없을 정도로 오랜 전통을 지켜 왔다. 최고 지도자로서 가톨릭교회에 교황이 있다면, 정교회에는 총대주교가 있다. 교황이 로마에서 지내듯 총대주교는 이스탄불(콘스탄티노폴리스의 현재 도시명)에서 지낸다.

교황 취임식에는 처음으로 참석한 정교회 수장인 콘스탄티노폴리스의 바르톨로메오스 1세 총대주교와 프란치스코 교황(왼쪽).

지금 교황은 어떤 분일까?

제266대 교황으로 선출된 아르헨티나 출신의 프란치스코 교황은 라틴 아메리카에서 최초로 교황이 된 예수회 출신 교황이다.

평소에도 검소한 생활을 해 온 교황은 특히 아시시의 프란치스코 성인을 본받아 가난하고 약한 사람들을 위해 봉사할 것을 다짐하며 자신의 이름을 '프란치스코'라고 정했다.

62
가톨릭교회, 개신교, 정교회는 어떻게 다를까?

'가톨릭Catholic'이라는 말은 그리스어에서 왔다. 이는 '보편적인, 즉 세상 전체에 살아 있는'을 뜻한다. 그래서 가톨릭교회란 보편적인 교회라는 뜻이다. 반면 개신교 신자는 스스로 '에반젤릭Evangelic 신자'라고 부르는데, 이는 '복음 말씀을 따르는 사람들'이란 뜻이다. 가톨릭 신자와 개신교 신자를 제외하고 그리스도를 믿는 사람들로는 '정교회 신자'가 있다. 그들을 '오르토독스Orthodox'라고 하는데, '하느님을 언제나 올바르게 가르치고 믿는 사람들'이란 뜻이다. '바르게 믿는 신앙인'이란 의미로 스스로 그렇게 이름 지은 것이다.

우리나라에는 가톨릭 신자보다 개신교 신자가 더 많은데 개신교는 또다시 예수교장로회, 기독교장로회, 침례교회, 순복음교회, 성결교회, 예수제자교회 등 수많은 종파로 나뉘어 있다.

개신교에 속하지만 가톨릭교회와 많이 닮은 '성공회'도 있다. 성공회는 영국에서 생겨난 교회로서 역시 가톨릭교회에서 떨어져

동방 정교회   가톨릭교회   개신교 교회

나왔다. 물론 우리나라에도 성공회가 있다. 성공회는 그 나라의 이름을 따서 불리는데, 우리나라 성공회는 '대한 성공회'라 한다.

  한편 정교회도 성공회처럼 그 나라의 이름을 따서 러시아 정교회, 그리스 정교회, 루마니아 정교회 등으로 불린다. 주로 유럽에 많지만 우리나라에도 정교회가 있다. 이 교회를 '한국 정교회'라 부른다. 이렇게 다양한 교회들을 모두 공통적으로 '교회'라고 부를 수 있는 것은 모두 '하느님(성부와 성자와 성령)'을 믿기 때문이다. 아쉽게도 전례가 서로 다르지만, 모두들 '성경'만은 하느님의 말씀으로 받아들인다.

  가톨릭교회는 오래전부터 '전 세계에 살아 있는 신앙인들의 모임'을 꿈꿔 왔기 때문에, 모든 신앙인이 한자리에서 한마음으로 살아가기를 바라고 이를 위해 노력한다. 그래서 로마 교황청에서는 시시때때로 많은 주교와 추기경, 나아가 신학자들이 모여서 어떻게 하면 모든 그리스도 교회의 신자들을 다시 하나로 만들 수 있는지 고심하며 의논한다. 그것은 아주 어렵겠지만, 예수님이 일찍이 원하셨던 것이라서 반드시 이루어 내야 할 사명이기 때문에 멈출 수 없다.

예수님은 그렇게 세상의 모든 사람들을 하나로 불러 모으기 위해 세상에 오셨기 때문이다. "아버지께서 저에게 주신 영광을 저도 그들에게 주었습니다. 우리가 하나인 것처럼 그들도 하나가 되게 하려는 것입니다."(요한 17,22)

가톨릭이라는 말은 '보편적', '일반적', '공번된'이라는 뜻으로, 안티오키아의 주교였던 이냐시오 성인(98~117년)이 '스미르나인들에게 보낸 서간문'에서 처음으로 썼다.

'하나이며 거룩하고 보편되며 사도로부터 이어오는 교회'라는 의미로서, 로마 교황청을 중심으로 전 세계 가톨릭교회와 이에 속하는 신자들을 뜻하는 공식 명칭이다.

천주교는 천주를 믿는 종교라는 뜻으로, 가톨릭을 이르는 말이다.

우리가 천주교天主敎라고도 부르는 것은 우리보다 먼저 가톨릭을 전해 받은 중국에서 하느님을 천주天主로 불렀고, 우리가 이를 받아들였기 때문이다. 한편 '천주교회'는 하느님을 주님으로 고백하고 섬기는 신자들의 공동체라는 의미를 더 드러낼 때 쓰인다.

63
성당과 개신교 교회를 어떻게 구분할까?

성당과 개신교 교회를 구별하는 몇 가지 방법이 있다.

개신교 교회에는 우선 고해소가 없다. 또한 그림이나 조각상, 심지어 십자가에 매달려 계시는 예수님상(십자고상)도 거의 없다. 개신교 신자들은 오직 하느님께만 기도를 바쳐야 하는데, 사람의 모습을 한 조각상이나 그림은 하느님을 잘못 생각하게끔 한다고 교회에 두지 않는다. 또한 개신교 교회에는 설교대나 강론대가 대부분 높은 곳에 있다.

유럽의 개신교 교회에는 신자석 가까이 있는 기둥이나 벽면 높은 곳에 설교대가 있어서 회전식 계단을 따라 올라가도록 되어 있다. 교회 안의 모든 사람들이 쉽게 바라보고 또 잘 들을 수 있게 한 것이다. 옛날에는 마이크 시설이 없었기 때문이다.

성당의 가장 큰 특징은 빨간 불을 밝힌 '감실'(성체를 모셔 둔 곳)일 것이다. 그리고 성당에서 드리는 미사 예식은 개신교 교회보다 훨씬 복잡하다. 또

한 성당에는 성수, 향로, 촛대, 촛불, 복사가 앉는 의자, 미사에서 치는 종 등 필요한 물품이 개신교 교회보다 더 많다.

사제는 미사 때 전례 시기에 맞는 색깔의 제의를 입는다. 목사는 대부분 검은 예복이나 하얀 장백의에 영대를 두르고 설교한다.

성당에는 미사에서 사제를 돕는 복사가 있다. 복사는 사제가 미사를 잘 집전하도록 옆에서 도와준다. 성체로 변화될 제병을 제대에 가져다주고, 물과 포도주를 사제에게 건넨다. 그 밖에 사제가 필요한 것을 가져다주며, 사제가 주님의 몸과 포도주 잔을 들어 올릴 때 종을 쳐서 신자들이 깊은 절과 함께 예의를 갖추도록 알려 준다. 향을 피울 때는 향로를 들거나 복음이 봉독될 때는 옆에서 촛불을 들기도 한다. 때로는 사제를 도와 마이크나 예식서를 들기도 한다.

제4장

성사에 대한 궁금증

64
성사란 무엇일까?

성사는 눈에 보이지 않는 하느님 은총을 보고 느낄 수 있도록 표현한 거룩한 표지다. 그래서 성사는 매우 특별한 교회 예식으로, 예수님이 아주 특별하게 가톨릭 신자들을 만나시는 방법이라고 할 수 있다. 성사의 은총으로 사람은 거룩하게 되고 하느님을 공경하며 사랑을 실천하게 된다. 성사에는 일곱 가지가 있는데 성사마다 예식도 다르고 그 의미도 다르다.

성사에 따라 미리 정한 기도와 성가를 부르거나 특별한 성구를 사용한다. 예를 들면 세례성사에서는 성수와 성수 그릇 또는 성수대를 쓰고, 혼인성사에서는 부부가 될 남녀가 서로 끼워 주는 반지를 준비하며, 성체성사에서는 빵(제병)과 포도주를 사용한다.

각 성사에 필요한 기도문도 예식서에 마련되어 있다. 주례자인 사제를 따라 신자들도 정성을 들여 그 기도문을 함께 외운다. 사제가 성체성사 중에 빵과 포도주를 축성하여 예수님의 몸과 피가 되도록 성령을 청할 때 우리도 그런 놀라운 신비에 참여하며 정성껏 기도해야 한다. 그래서 진심으로 예수님의 몸인 성체를 모셔야 할 것이다. 비록 언어가 다르더라도 미사에서는 전 세계 어디든 똑같은 순서와 같은 내용의 기도문으로 된 미사 경본을 사용한다. 이는 교회에서 참례하는 성체성사가 '일치의 성사'임을 말해 준다. 그렇게 모든 신자가 언제 어디서든 한마음 한 몸으로 예수님을 기억하는 것이 성사라고 할 수 있다. 예수님의 희생과 그로부터 완성된 구원이 지금 이 순간에도 함께하기를 바라시는 것이다.

사제는 어떤 성사에서든 한자리에 모인 사람들뿐만 아니라 그렇지 못한 사람들을 위해서도 기도하고, 모두 예수님의 이름으로 축성과 축복을 한다. 예수님은 교회의 성사를 집전하는 권한을 사제에게 주셨다. 그래서 사제는 세례성사 때 "나는 (   )가 세례를 받도록 청합니다."라고 하지 않고, "나는 성부와 성자와 성령의 이름으로 (   )에게 세례를 줍니다." 하고 말한다. 하느님이 사제를 통해, 사제가 베푸는 성사를 통해 우리의 중요한 사건들을 몸소 결정하신다는 뜻이다. 그러므로 성사를 받은 일을 마치 없었던 일처럼 되돌릴 수는 없다.

65
성사에는 몇 가지가 있을까?

가톨릭교회에는 일곱 성사가 있다. 세례 · 견진 · 성체 · 혼인 · 성품 · 고해 · 병자성사다. 어떤 성사는 여러 번 받지만, 어떤 성사는 한 번만 받는다.

주일은 물론 평일에도 미사가 있고 그때마다 미사에 참여할 수 있기 때문에 '성체성사'는 여러 번 받을 수 있다. 최후의 만찬 때 예수님 말씀을 사제가 그대로 반복함으로써 빵과 포도주가 예수님의 몸과 피로 축성되어 성체성사가 이루어지는데, 신자들은 한 분이신 예수님의 몸과 피를 나눔으로써 그리스도와 하나 되고, 교회 안에서 모든 형제자매와도 서로 하나가 된다.

영대   미사 경본   성작

세례 받은 신자가 세례 이후 지은 죄를 고백하고 하느님께 용서받는 '고해성사'와 병자나 죽을 위험에 있는 환자가 받는 성사인 '병자성사'도 여러 번 받을 수 있다. 특히 고해성사는 자주 받는 것이 좋다.

그리스도인이 되는 '세례성사'와 성숙한 그리스도인이 되는 '견진성사'는 일생에 단 한 번만 받는다. 또한 성직자로 선발된 이들이 부제품, 사제품, 주교품에 따라 그리스도를 대신해 하느님 백성을 거룩하게 하며 다스리도록 축성받는 성사인 '성품성사'와 남녀 신자가 한평생 부부로 함께 살아갈 것을 하느님께 서약하는 '혼인성사'도 단 한 번으로 완성된다. 그러나 혼인성사는 배우자와 사별한 후 재혼할 때 또다시 받을 수도 있지만, 이런 경우는 아주 드물다.

결혼한 사람은 사제가 될 수 없으며, 사제 역시 결혼할 수 없다. 그래서 둘 중 하나를 선택해야 한다. 결혼하여 가정을 꾸리고 살지 아니면 사제로 살지 먼저 결정해야 한다. 그래서 일반 신자들은 일곱 성사 중 성품성사를 제외한 여섯 성사를 받고, 사제는 혼인성사를 제외한 여섯 성사를 받는다.

66
세례성사를 받으면 무슨 일이 생길까?

　우리는 세례를 받음으로써 그리스도교 공동체에 속하는 신앙인이 된다. 세례는 성사다. 다시 말해 하느님이 인간에게 세례를 직접 주신다는 뜻이다. 하느님은 세례 받은 이가 누구든 당신의 자녀로 여기신다.
　세례성사에서 이런 모습을 볼 수 있다. 사제가 세례자의 이마에 성수를 붓는다. 이때 보통 대부나 대모가 세례자의 어깨 위에 손을 얹고 서 있다. 사제는 성수를 부으면서 이렇게 기도한다. "나는 성부와 성자와 성령의 이름으로 (　)에게 세례를 줍니다." 이 기도는 하느님이 이제 세례자와 함께하신다는 뜻이다. 그러므로 세례를 받는 신자는 자신이 하느님께서 특별히 아끼시는 소중한 사람이란 것을 잊지 말아야 한다.
　그런 다음 사제는 다시 세례자의 이마에 성유로 십자 성호를 긋는다. 이때 사용하는 성유를 '크리스마 성유'라고 한다. 이 성유는 '그리스도('그리스도'의 원래 발음은 '크리스토스'에 가깝다)'라는 예수님의 호칭과 어원이 같은 특별한 기름이다. 이처럼 세례 받는 이는 그리스도에 속한 사람이 되는 것이다. 그다음에 사제는 세례자에게 흰 옷을 입히거나 흰옷 대신 미사포를 머리에 씌워 준 뒤 기도한다.

흰옷은 그리스도와 함께 새로운 삶을 산다는 것을 상징한다. 그리고 나서 대부와 대모는 파스카 초에서 불을 옮겨 붙인 작은 세례초를 세례자에게 건네준다. 이 촛불은 '빛의 자녀'가 되었다는 것을 상징한다. 사제는 이제 세례자가 예수님의 말씀을 잘 알아듣고 다른 이들에게 복음을 전하도록 권고의 말을 한다.

대부모는 세례자 옆이나 뒤에 서서 함께 기도하면서 사제를 도와 세례자의 이마에 십자 성호를 긋거나 세례초를 건네준다. 세례 예식에서 사제는 믿음을 확인하려고 세례자에게 "주 예수 그리스도를 믿습니까?"라고 질문한다. 그러면 세례자는 "믿습니다!" 하

그리스도의 세례
피터르 데 그레베르(Pieter de Grebber, 1600~1653?), 1625년, 캔버스에 유채, 성 스테파노 성당, 베쿰, 독일

고 대답한다.

　대부모는 세례 받는 대자나 대녀의 영적인 부모로서 대자녀를 신앙으로 돌볼 의무를 지닌다. 그래서 앞으로 주일마다 미사에 참여해야 한다는 것, 그리고 예수님과 교회에 관해 반드시 알아야 할 것을 세례자에게 자세히 설명해 줄 뿐만 아니라 신앙의 모범을 보이고, 대자녀가 영적으로 성숙할 수 있도록 보살펴야 한다.

　물론 세례자는 세례성사를 받기 전에 최소한 6개월 이상 교리 교육을 받는다. 다만 유아 세례를 받은 어린이의 경우 그 부모가 책임지고 신앙인답게 키우면서, 나중에 교육을 받을 수 있는 나이가 되면 교리 교육을 받도록 교회로 이끌어야 한다.

> **대부나 대모는 세례성사 때 세례자를 위해 약속한다!**
>
> 　대부모는 자신과 신앙으로 맺은 대자녀에게 영적인 부모로서 신앙생활의 모범을 보이며, 신앙에 관련된 많은 것들을 가르치고 이끌어 줘야 한다. 일반적으로 대부모는 대자녀의 영명 축일 때 선물을 하면서 축일을 축하한다. 영명 축일은 가톨릭 신자가 자신의 세례명으로 택한 수호성인의 축일이다. 대부분 그 성인이 이 세상을 떠나 하느님 품에 안긴 날이다. 성당 달력에는 축일이 나와 있다.

67
견진성사는 언제 받을까?

　사람마다 견진성사를 받는 시기가 다를 수 있다. 우리나라에서는 보통 세례자가 만 12세 이상이 되면 견진성사를 받을 수 있다. 세례성사가 하느님의 자녀로 태어났음을 상징한다면, 견진성사는 신앙이 좀 더 성숙해졌음을 상징한다. 그래서 견진성사는 '성숙한 신앙인'이 되는 과정이라고 말하기도 한다. 물론 만 12세가 되었다고 어른이 된 것은 아니지만, 12세 이상이면 견진성사를 받을 수 있다는 것은 자신의 말과 행동에 책임질 수 있을 만큼 성장했다는 뜻이다.
　'견진'이란 말은 '단단하게 하다'는 뜻으로, 즉 세례 때 지녔던 신앙을 더욱 굳건하게 해야 한다는 것이다. 그러므로 세례자는 세례를 받은 지 6개월에서 1년 이후에 모두 견진성사를 받아야 한다.
　또한 견진성사는 '성령의 성사'라고도 한다. 성령께서 세례 때의 신앙을 더욱 굳건하고 성숙하게 해 주신다고 믿기 때문이다. 성령께서는 사실 우리가 힘들어할 때마다 힘과 용기를 주시고 하느님을 끝까지 신뢰하도록 도와주신다.

만일 교구 내 본당 세례자들이 견진성사를 받아야 할 경우, 주교는 특별히 그 본당을 방문해 견진성사를 집전한다. 견진성사는 주교가 맡은 중요한 일 가운데 하나이기 때문이다.

주교는 견진성사 때 견진자의 머리에 손을 얹어 기도한 뒤 "(   )은 성령 특은의 날인을 받으시오!"라고 말하면서 견진자의 이마에 성유를 발라 준다. 이처럼 세례 때와 마찬가지로 견진자도 이마에 성유가 발리면서 뚜렷한 표지를 갖게 된다. 이 표지는 "저는 예수 그리스도에게 속합니다. 저는 모든 믿는 이들의 교회에 속합니다. 저는 일생을 예수님과 함께 걸어가겠습니다."라는 뜻이라고 할 수 있다.

올리브유에 발삼 향료를 섞어 크리스마 성유를 만든다!

그래서 성유에서 향료 냄새가 나기도 한다. 그런데 성유는 특별한 날에 축성한다. 사순 시기가 끝나 가는 성주간의 목요일, 즉 주님 만찬 성목요일에 교구의 모든 사제가 한자리에 모인 자리(주교좌성당)에서 주교가 축성한다. 그런 다음 각 본당에 나누어 주어 성사 때 사용한다.

68
영성체와 첫영성체는 똑같을까?

영성체는 미사에 참여하여 그리스도의 몸과 피를 받아 모시는 것을 말한다. 미사는 원래 '성만찬' 또는 '성찬례' 등으로 불렸는데, 이 말은 '감사하다'는 뜻의 그리스어 에우카리스티아εὐχαριστια에서 왔다. 오늘날에는 이 예식을 마치고 자기 삶의 터에서 복음을 전하라는 '파견'의 의미가 강조된 '미사'라는 말로 대신한다.

첫영성체는 처음 성체를 모신다는 뜻이다. 그러므로 첫영성체는 누구든 한 번만 받을 수 있다. 무엇이든 처음은 한 번뿐이기 때문이다. 그러나 영성체는 매 미사마다 할 수 있다. 단, 하루에 영성체는 두 번까지만 가능하다.

미사는, 죽은 이들 가운데서 부활하신 예수님이 죄지은 우리를 하느님 아버지와 다시 하나 되게 해 주심을 기념하는 잔치다. 예수님은 당신이 무엇을 위해 살고 죽었는지 우리가 기억하기를 간절히 바라셨다. 그래서 당신의 죽음과 부활로 모든 이가 구원받기를 원하셨다. 즉, 우리가 하느님 아버지를 찾아 나아가는 데 당신이 확실한 빛과 길이 되기를 바라셨다. 그래서 예수님은 이 세상을 떠나시기 전에 제자들을 불러 모아 함께 먹고 마실 수 있는 만찬을 준비하셨다. 그리고 빵과 포도주를 축성하신 다음 제자들에게 나누어 주시며, 그 먹을 빵과 포도주는 당신이 우리를 위해 바치는 '몸과 피'라고 말씀하셨다.

바오로 사도는, 만일 우리가 이 빵과 포도주를 나누어 먹는다면, 예수님의 죽음과 부활에 관해서 다른 이에게도 선포해야 한다고 가르쳤다(1코린 11,26).

이렇듯 미사 참례는 신자임을 드러내는 표시기에 아주 중요하다. 그래서 신자라면 누구나 미사에 참례해야 하고, 미사 때 빵과 포도주를 함께 마시는 한 공동체, 한 몸이라는 사실을 항상 기억해야 한다.

69
성체는 어떤 마음으로 영해야 할까?

성체성사는 미사 경본에 있는 여러 기도문과 성가로 진행된다.

성가는 하느님을 찬미하는 노래로, 예수님이 하신 일에 감사하는 것이다. 또한 성체성사 때 바치는 기도문은 예수님이 빵과 포도주의 모습으로 우리 가운데 오시어 우리와 한 몸을 이루시길 청하는 것이다.

사제는 미사 경본에 따라 미사를 봉헌하는데, 이 미사 전례는 예수님이 붙잡히기 전날 저녁에 제자들과 함께 만찬을 드셨던 모습을 생생하게 전해 준다. 이는 성체성사가 '예수님의 죽음과 부활을 생각하며 감사하고, 죽음에서 새 생명으로 넘어가게 된 것을 기념하는 예식'이라는 것을 말해 준다.

미사에서 사제는 빵과 포도주를 하느님께 봉헌하며 성령의 도우심으로 축성한다. 그런 다음 신자들에게 먼저 빵을 보여 주면서 예수님이 하신 말씀을 그대로 전해 준다. "너희는 모두 이것을 받아 먹어라. 이는 너희를 위하여 내어 줄 내 몸이다."

잠시 후 사제는 같은 모양으로 잔을 들고 기도한 다음 다시 신자들에게 예수님의 말씀을 그대로 전해 준다. "너희는 모두 이것을 받아 마셔라. 이는 새롭고 영원한 계약을 맺는 내 피의 잔이니 죄를 사하여 주려고 너희와 많은 이를 위하여 흘릴 피다. 너희는 나를 기억하여 이를 행하여라."

이 축성 기도로 함께 봉헌한 빵과 포도주는 성령으로 인해 예수님의 몸과 피가 된다. 또한 죽음이 생명으로 바뀌었다고 믿는다. 이 순간이 성체성사에서 가장 중요하다. 그래서 모든 사람은 고개를 깊이 숙여 존경을 표한다.

사제도 빵과 포도주를 각각 올렸다가 내릴 때마다 예를 갖춘다. 복사는 이때 종을 쳐서 모두 잊지 않고 예의를 갖추게끔 한다. 대축일 미사처럼 큰 미사 때에는 향을 피워 분위기가 한층 엄숙해진다. 예수님이 희생하여 몸과 피로 우리를 죄에서 구해 주셨으니, 이 순간이 가장 중요하다고 보기 때문이다.

이 예식이 끝나면 곧바로 '신앙의 신비여!'를 다 함께 바친다. 사제가 "신앙의 신비여."라고 하면, 신자들은 "주님께서 오실 때까지 주님의 죽음을 전하며 부활을 선포하나이다."라고 응답한다.

이로써 미사에서 무엇을 기리는지 알 수 있다. 그래서 미사 때마다 예수님과 함께 살아가겠다고, 예수님을 세상의 구원자이자 하느님 아버지께 나아가는 참된 '길'로 받아들이겠다고 고백하는 것이다.

70
고해소에서는 무슨 일이 일어날까?

고해소는 하느님을 거슬러 지은 우리의 죄를 고백하며 하느님과 화해하는 곳이다. 이곳은 가운데 방에 앉은 사제 양쪽에서 신자들이 차례로 고해성사를 볼 수 있도록 특별히 제작된 방이다. 고해소에서는 잘못을 깊이 뉘우친 사람들이 하느님의 용서를 받고 새로운 마음으로 살아가도록 도움을 받는다.

잘못한 일이 부끄럽기는 하지만, 감추는 것보다 잘못을 뉘우치고 용서를 받는 쪽이 훨씬 더 마음이 편할 것이다. 하루 동안에도 잘못한 일을 가만히 생각해 보면 적지 않을 것이다. 그러니 일주일 동안 쌓인 잘못을 따져 보면 고해하지 않을 수 없을 것이다.

고해소에 들어가면 가운데 방 쪽으로 무릎을 꿇는 곳이 있다. 무릎을 꿇는 것은 하느님께 존경하는 마음을 보여 드리는 것이며, 자신을 낮추는 겸손의 표시다. 사제가 앉아 있는 양 벽면에는 작은 창이 있는데 사제와 고해자가 서로 얼굴을 알아볼 수 없게끔 가려져 있다. 작은 창이 열리고 사제의 목소리가 들리면, 우리는 하느님을 거슬러 지은 죄를 하나하나 사제에게 말하면 된다.

그러면 사제는 앞으로 우리가 어떻게 잘못을 고치면 되는지 알려 준다. 그리고 우리의 잘못으로 마음이 상한 주위 사람들을 하느님이 위로해 주시기를 청하는 뜻에서 '보속'을 준다. 보속은 잘못을 갚기 위해 우리가 바칠 수 있는 기도나 간단한 행동을 말한다. 그런 다음 사제는 죄를 용서하는 기도인 사죄경을 바친다.

이 사죄경으로 우리의 죄는 온전히 용서를 받게 되고, 우리는

> **옛날에는 개인적으로 고해하지 않았다!**
>
> 옛날에는 자신의 잘못을 사람들 앞에서 말해야 했기 때문에 고해가 무척 힘들었다. 더욱이 큰 죄를 지은 사람은 교회 밖으로 쫓겨나기도 하였다. 그리고 특정한 때가 되어서야 다시 교회에 들어올 수 있을 만큼 매우 무섭고 엄격하였다. 그러다가 7~8세기에 이르러서야 개인적으로 고해할 수 있게 되었다. 12세기 이후에는 개별 고해가 더욱 발전하여 죄를 고백할 때는 귓속말로 하는 고해가 일반화되었다. 이런 고해를 들은 사제들이 비밀을 지켜야 할 의무가 있다. 이 의무는 1215년 라테란 공의회를 통해 입법화(21항)되었다.

선교지에서 고해성사하는 모습

하느님과 다시 올바른 관계를 맺게 된다. 고해소에서는 사제와 고해자만이 서로 대화할 수 있어서 다른 방이나 바깥에 있는 사람들은 그 내용을 들을 수 없다. 문을 닫아 놓아서 안에 누가 있는지 모르기 때문에 바깥 문 앞에 빨간 등을 달아 놓았다. 불이 켜져 있으면 누군가가 고해성사를 받는다는 것을 알 수 있게끔 말이다. 또한 사제에게 따로 부탁해서 아무도 없는 큰 방이나 교리실나 넓은 야외 어디서든 고해성사를 받을 수도 있다.

고해성사 보는 방법

1. 먼저 고해자는, 지은 죄를 모두 알아내고
2. 진정으로 뉘우치며
3. 다시는 죄를 짓지 않기로 굳게 결심하고
4. '고백 기도'와 '통회 기도'를 바친다.

(십자 성호를 그으며)
- 성부와 성자와 성령의 이름으로. 아멘.
✚ 하느님께서 우리 마음을 비추어 주시니

　　하느님의 자비를 굳게 믿으며

　　그동안 지은 죄를 사실대로 고백하십시오.
- 아멘.
- 고해한 지 (며칠, 몇 주일, 몇 달) 됩니다.

　　(알아낸 죄를 낱낱이 고백한다.)

　　(죄를 고백한 다음)
- 이 밖에 알아내지 못한 죄도

　　모두 용서하여 주십시오.

　　(사제는 고해자에게 통회를 하도록 권고하고 보속을 준다.

　　필요하다면 고해자에게 아래 통회 기도를 바치게 할 수 있다.)
- 하느님,

　　제가 죄를 지어

　　참으로 사랑받으셔야 할 하느님의 마음을 아프게 하였기에

　　악을 저지르고 선을 멀리한 모든 잘못을

진심으로 뉘우치나이다.
　　하느님의 은총으로 속죄하고
　　다시는 죄를 짓지 않으며
　　죄지을 기회를 피하기로 굳게 다짐하오니
　　우리 구세주 예수 그리스도의 수난 공로를 보시고
　　저에게 자비를 베풀어 주소서.
　　아멘.
　　(사제는 고해자의 머리 위에 두 손을 얹거나 적어도 오른손을 펴 들고
　　사죄경을 외운다.)
✚ 인자하신 천주 성부께서는
　　성자의 죽음과 부활로
　　세상을 당신과 화해시키시고
　　죄를 용서하시려고 성령을 보내 주셨으니
　　교회의 직무를 통하여
　　몸소 이 교우에게 용서와 평화를 주소서.
　　나도 성부와 ✚ 성자와 성령의 이름으로
　　이 교우의 죄를 용서합니다.
● 아멘.
✚ 주님은 좋으신 분이시니 찬미합시다.
● 주님의 자애는 영원하시다.
✚ 주님께서 죄를 용서해 주셨습니다. 평화로이 가십시오.
● 감사합니다.

71
고해성사를 보면 무엇이 좋을까?

하느님의 뜻을 거스르는 생각이나 말, 행동을 하여 스스로 부끄러운 생각이 들면 마음이 몹시 불편해진다. 그래서 사람들 앞에서 고개도 들지 못할 만큼 자신이 없어질 때도 있다. 그러나 하느님은 우리가 그렇게 사는 것을 원하시지 않는다. 물론 그분은 우리가 그분을 거스르는 생각, 말, 행동을 많이 한다는 것도 알고 계신다. 한 번 엎지른 물은 다시 주워 담을 수 없는 것과 같이 잘못한 일을 아예 없었던 일로 할 수는 없다. 그래서 누구와 다투거나 서로 심하게 욕한 뒤에 화해한다고 아무 일도 없었던 것처럼 되지는 않는다.

하느님은 이렇게 곤란할 때 새로운 기회를 주신다. 예전에 잘못했거나 안 좋았던 일로 마음속에 남아 있는 불편함을 없애 주시는 것이다. 그러니 하느님께 모든 일을 낱낱이 털어놓는 것이 좋다. 하느님은 결코 우리에게 화를 내는 분이 아니시다. 혹시 우리가 잘못을 저질렀다고 해도 언제나 다정하게 안아 주는 분이시다.

고해성사는 아마도 가장 짧은 성사라고 할 수 있을 것이다. 이때 하느님을 대신하여 죄를 사해 줄 사제에게 우리가 잘못한 일을 고백한다. 이때 사제는 예수님의 대리자이기에 우리는 하느님께 고백한다고 생각해야 된다. 사제는 우리가 고백하는 잘못과 아파하는 마음을 모두 살핀 다음 우리에게 힘이 될 만한 말을 해 준다. 예를 들면 성경 말씀을 다시 기억하게 한다거나 우리가 용기 낼 수 있도록 함께 기도해 준다.

사제는 자신의 잘못이나 죄를 뉘우치고 부끄러워하며 찾아오는 모든 사람들을 하느님이 감싸 주신다는 사실을 확인해 준다. 그리고 그분의 사랑을 대신하여 "주님께서 죄를 용서해 주셨습니다."라고 분명하게 말한다. 그러니 고해소에 들어갈 때 너무 긴장하거나 두려워하지 않아도 된다. 비록 잘못한 일 때문에 마음이 무겁더라도, 고해성사를 통해 다시 깨끗한 마음을 되찾을 수 있다는 것을 기억해야 한다.

고해성사를 통해 우리는 하느님과 우리 사이의 장벽을 허물 수 있다. 이때 장벽은 하느님께 다가갈 수 없도록 우리 자신이 잘못이나 죄로 쌓아 놓은 장애물을 가리킨다. 고해성사 끝에 사제는 이렇게 말할 것이다. "평화로이 가십시오." 이는 '당신을 짓눌렀던 짐은 여기에 두고, 편안한 마음으로 가세요.'라는 뜻이다. 사제는 그 말을 하느님을 대신하여 우리에게 해 주는 것이다.

72
고해성사 내용은 왜 비밀일까?

　사제는 고해성사 내용을 아무에게도 이야기할 수 없다. 조그만 고해소 안에서 사제와 고해자 단둘이서 고해성사를 보기 때문만은 아니다. 이는 교회가 매우 엄격하게 정한 교회법 가운데 하나다. 이를 '고해 비밀'이라고 한다. 심지어 경찰서나 병원에서도 이야기해서는 안 된다. 우리가 고해성사 때 하는 이야기는 모두 하느님께 들려 드리는 것이다. 그래서 사제는 그것을 하느님이 아닌 다른 사람들에게 전하면 안 된다. 이러한 이유로 고해성사의 비밀이 지켜진다는 점을 기억해야 한다.

73
병자성사 때는 왜 기름을 바를까?

아픈 사람은 몸뿐만 아니라 마음도 괴로운 때가 많다. 자신에게 이런 일이 왜 일어났는지 의문을 갖는다. 또한 자신의 병은 하느님이 내리신 '벌'이라고 생각해 하느님이 자신을 더 이상 사랑하지 않아서 떠나 버리셨다고 걱정하기도 한다.

그러나 하느님을 믿는 사람은 그렇게 생각하거나 그런 걱정을 해서는 안 된다. 하느님은 결코 우리를 떠나지 않으시기 때문이다. 오히려 돌아가신 예수님을 다시 살리신 것처럼, 하느님은 어떤 상황에서도 우리를 구해 주신다는 것을 믿어야 한다. 죽음도 두려워하지 않는 믿음이라면 아무리 무서운 병도 두려워할 필요가 없을 것이다.

그러나 아프면 그런 믿음도 약해질 수 있다. 그러므로 어떤 신자가 큰 병에 걸려 누워 있다면 병자성사를 받게 해야 한다. 병자성사는 몇몇 기도문과 성경 말씀을 외우면서 병자에게 성유를 바르는 예식이다. 특히 하느님이 병자들을 얼마나 사랑하고 그들 가까이에 계시는지 확인해 주며, 주위 사람들(가족이든 이웃이든)이 항상 그들을 위해 기도한다는 사실을 깨닫게 해 준다.

병자성사에서는 사제와 그 자리에 모인 사람들이 병자를 위해 기도한다. 이때 사람들은 병이 빨리 낫기를, 또한 그가 두려움과 불안을 털어 버리고 마음에 안정을 찾기를 함께 청한다. 이마와 두 손에 바르는 성유는 그렇게 하느님이 병자를 지켜 주신다는 것을 알려 주는 표시다.

병자가 스스로 병자성사를 청하면 좋겠지만, 그렇지 못할 때도 있다. 너무 아파서 스스로 판단하기 어려운 상황이거나 믿음이 약해서 또는 잘 몰라서 병자성사를 청하지 못할 때는 가족이나 주위 신자들이 그가 병자성사를 받도록 도와주어야 한다.

우리는 특히 아플 때 더욱더 하느님의 도움이 필요하다. 병자는 병자성사로 더욱 든든한 힘을 얻을 수 있다. 설령 다시 건강을 회복할 수 없을지라도, 병자성사는 특별한 힘을 발휘할 것이다. 병자성사는 죽음을 이기신 예수님의 뜻을 따라 마련한 것이기 때문에, 병자는 죽음 앞에서도 불안해하지 않을 것이다.

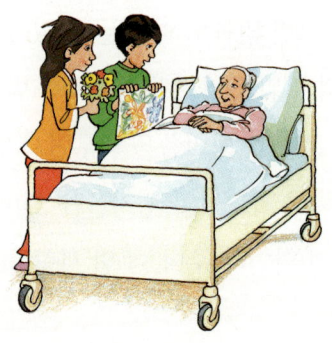

74
왜 혼인성사를 할까?

혼인성사는 무엇보다도 혼인성사의 의미가 중요하다. 혼인성사를 받은 신랑과 신부는 서로 사랑할 뿐만 아니라 서로를 책임져야 한다. 평생 상대방을 위해 살겠다고 약속하기 때문이다. 그렇게 평생 부부로 살겠다고 결심했기 때문에 결혼식을 올리는 것이다.

교회에서 혼인을 '성사' 가운데 하나로 여겨 온 데에는 특별한 의미가 담겨 있다. 혼인성사에서는 하느님 앞에서 부부가 되겠다고 서약하는 예식이 가장 중요하다. 왜 그럴까? 일반 예식장에서는 그렇게 결혼식을 올리지 않는다. 다시 말해 교회 예식이 아니라면 하느님 앞에서 부부 서약을 하지 않는다. 그런데 그게 왜 중요할까? 사실 결혼은 신랑과 신부 두 사람의 약속으로 결정된다. 그런데 살다 보면 그 약속을 제대로 지키지 못할 경우가 참 많다. 잠깐 지켜야 하는 약속이라면 잊지 않고 지킬 수 있을 것이다. 그렇지만 오랫동안, 다시 말해 평생 동안 끝까지 약속을 지키는 일은 정말 쉽지 않을 것이다.

    이때 영원히 변함없으신 하느님을 두 사람의 결혼 증인으로 기억한다면 분명 큰 도움이 될 것이다. 하루에도 몇 번이고 마음이 바뀌는 것을 생각하면, 영원히 한결같으신 하느님이 두 사람의 혼인을 지켜 주신다는 사실은 정말 고마운 일이 아닐까? 그래서 교회는 모든 신앙인들이 더욱 탄탄한 결혼 생활을 해 나가도록 혼인성사를 마련했다. 따라서 혼인성사는 한 번만 받을 수 있다.

    그런데 간혹 일반 예식장에서 결혼식을 올리기 전에 성당에서 먼저 혼인 예식(혼인성사)을 치르는 사람들을 볼 수 있다. 물론 이런 경우는 흔치 않다. 결혼 당사자 가운데 한쪽만 가톨릭 신자일 경우 그럴 수 있지만, 이런 경우는 성사가 이루어지지 않는다. 교회법은 가톨릭 신자가 아닌 사람과 가톨릭 신자 사이의 혼인을 인정하지 않기 때문이다. 하지만 그러한 경우 교회는 혼인 당사자들의 서약을 받고 관면을 통해 교회의 규정을 완화함으로써 혼인이 이루어지도록 한다.

75
사제가 되려면 어떻게 해야 할까?

사제가 되려면 신학교에 입학하여 공부해야 한다. 또한 사제가 되고 싶은 다른 사람들과 함께 기숙사에서 공동체 생활을 해야 한다. 신학생들은 일정한 전례에 따라 생활하고, 경험 많은 교수 신부들에게서 보고 배우며 사제가 되는 데 필요한 공부를 한다. 또한 왜 사제가 되려는지, 그것이 정말 하느님의 뜻인지 차근차근 생각해 본다. (교구 사제를 중심으로 살펴보면 다음과 같다.)

물론 누구보다도 주교가 임명한 성소 담당 사제 혹은 신학생 지도 사제와 마음을 터놓고 이야기를 나누어야 한다. 사제가 될 수 있는지 없는지 최종 결정은 주교가 한다. 그래서 신학교에는 주교와 정기적으로 만나는 시간이 있다.

신학생들은 일반적으로 신학 대학에서 4년, 신학 대학원에서 2년 동안 공부한 다음 부제가 되는데, 부제는 사제가 되기 전 부제품을 받은 성직자란 뜻이다. 부제는 본당으로 파견되기도 한다. 특히 방학 동안에는 대부분 그러하다. 그런 경우 본당에서 주임 신부를 도와 신자들을 보살피는 일을 배우고 실천하며 시간을 보낸다. 부제는 보통 1년 동안 부제로서 생활한 다음 사제품을 받는다.

사제가 되는 예식인 성품성사는 교구장 주교가 부제의 머리에 손을 얹고 성령께 기도를 바치면서 시작된다. 또한 주교는 미사 때 사용하는 성작과 성합을 부제에게 건네면서 기도한다. 그리고 새 사제가 되는 부제는 하느님의 도우심으로 좋은 목자가 될 것이며, 주교의 말씀을 따르겠다고 약속한다. 이로써 새 사제는 복음 말씀을 선포하고 성사를 집전할 자격과 의무가 생긴다.

새 사제는 일반적으로 먼저 본당의 '보좌 신부'로 일하게 된다. 본당의 주임 신부를 도우면서 경험을 쌓는다. 보좌 신부는 대부분 주일학교를 맡아서 학생들을 지도하고, 그들과 함께 미사를 봉헌한다. 그 밖에도 복사단, 교사단, 청년회 활동에 관심을 기울이고, 첫영성체반이나 어린이 교리반을 보살핀다. 또한 어린이 성지 순례, 주님 성탄 대축일 공연, 여름 신앙 학교와 같은 큰 행사도 책임진다. 그래서 학생들과 함께 야외 체험 학습도 다녀온다.

76
사제는 왜 결혼하지 않을까?

사제가 되고 싶은 사람은 부제품을 받을 때부터 주교에게 순명하며, 좋은 목자가 되려고 노력하고, 결혼을 하지 않겠다고 약속한다. 배우자 없이, 즉 결혼하지 않고 혼자 살면서 하느님께 자신을 '온전히' 바친다는 뜻의 약속이 바로 '독신 서약'이다.

사제의 독신 생활에는 특별한 의미가 담겨 있다. 바로 평생 동안 하느님과 교회를 위해서만 살아가겠다는 것이다. 고독하고 힘겨운 삶을 일부러 받아들이며 살아가겠다고 스스로 결심하고 결정한 것이다. 스스로 결심한 그 약속을 평생 지켜 나가려면 그만큼 강한 의지가 필요하다. 그래야 좋은 때든 나쁜 때든 변함없이 그 결심에 따라 살아갈 수 있기 때문이다. 분명 쉽지 않은 일이다.

수도자(수사나 수녀)들 역시 평생 결혼하지 않고, 오로지 하느님의 뜻에 따라 살기로 약속한 이들이다. 그들은 교구 사제와는 달리 청빈 서원도 한다. 수도자들도 때때로 그 약속들 때문에 무척 힘든 때도 있지만, 끝까지 약속을 지키며 살아간다.

77
장례 예식은 왜 성사에 포함되지 않을까?

성사는 이 땅, 이 세상에서 교회가 거행하는 매우 중요한 전례다. 이 성사로써 세상 사람들은 하느님과 만날 수 있다. 그런데 죽은 사람을 위한 장례 예식은 교회의 일곱 성사에 속하지 않는다. 그 이유는 뭘까?

우선 죽은 사람은 하늘나라에서 직접 하느님을 만날 수 있기 때문에 성사가 따로 필요하지 않다.

또한 죽은 사람을 땅에 묻을 때 묻는 것은 그의 몸이다. 썩어 가는 몸에는 아무런 생명도 깃들어 있지 않다. 그러니 그 몸은 아무 말도 행동도 더 이상 할 수가 없다. 교회의 모든 성사는 그 안에서 생명을 주고받는다고 한다. 예를 들면 말씀이나 표징, 믿음을 통해 생명을 서로 나눈다고 할 수 있다. 그러나 죽은 몸과는 생명을 서로 나눌 수 없는 것처럼 죽은 사람에게는 성사를 받아들일 능력이 없다.

제5장

전례에 대한 궁금증

78
주간은 언제 생겼고
어떤 의미가 있을까?

'1주간'은 예수님이 태어나시기 전의 그리스 로마 시대부터 하늘의 일곱 별 또는 일곱 신의 이름을 따서 불렀다. 하늘에 떠 있는 별들이 땅에서 살아가는 것들을 지배한다고 믿었기 때문이다. 점성술도 그렇게 생겨났다.

오늘날에도 어떤 사람들은 하늘의 별을 보고 사람의 운명이나 미래를 미리 알 수 있다고 생각한다. 그들은 하느님을 모르기 때문에 별이나 신이 하루하루를 다스린다고 믿고 그들의 이름을 따서 불렀던 것이다. 예를 들면 '일요일Sunday'은 태양Sun의 날, '월요일Monday'은 달Moon의 날이라는 뜻이다.

그러므로 주간은 매우 오래전부터 표시되었다. 또한 그렇게 일곱 날을 나누었던 것도 아주 오래전, 즉 예수님이 태어나시기 수백 년 전부터 (메소포타미아 지역에서) 쓰였다고 한다. 유대인들도 그 문화권에서 살았다. 특히 바빌론 유배 때 바로 그곳에서 유배 생활을 하게 되었다. 그래서 유대인들도 오늘날까지 7일을 한 주간으로 생각하며 지낸다. 일곱째 날은 '토요일Saturday'이다. 물론 이날은 그리스 신 가운데 농사와 풍요의 신 '사투른Saturn'의 날이기도 하지만, 유대인들에게는 '안식일Sabbat'이다. 이날은 그들에게 아주 특별하다. 그래서 안식일에는 아무도 일을 해서는 안 되고, 하느님과 자신들이 맺은 계약을 기억해야 한다고 여긴다. 창세기에서는 하느님이 세상을 창조하신 다음 이날 쉬셨다고 한다.

"하느님께서 이렛날에 복을 내리시고 그날을 거룩하게 하셨다. 하느님께서 창조하여 만드시던 일을 모두 마치시고 그 날에 쉬셨기 때문이다."(창세 2,3) 그래서 하느님의 백성 또한 이날 쉬면서 자신들을 이집트 종살이에서 해방시켜 주신 하느님을 기억하는 것이다.

유대인들처럼 우리 그리스도인에게도 아주 특별한 날이 있다. 우리는 유대인들과는 달리 일요일, 즉 '주일'을 매우 중요하게 생각한다. 즉 주간의 끝(안식일)이 아니라 오히려 주간의 시작(주일)이 중요하다고 믿는 것이다.

예수님이 죽은 이들 가운데서 부활하셔서 새 삶을 보여 주셨듯, 그렇게 '새로운 날'을 희망하며 살겠다는 뜻이 담겨 있기 때문이다. 그분의 부활은 분명 세상에 새로운 희망을 심어 주었다고 할 수 있다.

79
교회의 특별한 날이란?

　사람들은 아주 오래전부터 봄, 여름, 가을, 겨울이 차례대로 바뀌고 계속 이어진다는 사실을 알고 있었다. 이와 마찬가지로 주간도 계속 이어진다. 그래서 매주 주일이 한 번, 각 요일이 한 번씩 있다는 것을 안다. 그렇게 이어지는 시간은 끝이 없는 것처럼 보인다. 아침에 해가 뜨면서 시작되었다가 어두워지면 끝나 버리는 하루가 매일매일 똑같아 보이기 때문에, 특별할 것이 하나도 없다는 생각마저 든다.
　그러나 만일 어떤 날을 특별한 날로 기억한다면 아마도 그날은 한 번뿐이기 때문에 무척 소중할 것이다. 그리고 그런 날이 다시는 오지 않을 것이라고 확신할 것이다. 예를 들면 '스물두 번째 생일'을 맞을 때를 떠올려 보자. 해마다 반복되는 생일이지만, 한 살 한 살 더해 가는 생일날은 항상 똑같지 않다. 매일 반복하여 살아가는 하루하루도 항상 똑같지는 않다. 일주일도, 한 달도, 한 해도 마찬가지다.
　그러면 그토록 특별한 시간(하루, 일주일, 한 달, 한 해)을 잘 보내려면 어떻게 해야 할까? '다음번 생일'은 어떻게 보낼 것인가? 물론 특별한 시간을 항상 기억할 수는 없다. 한마디로 너무 많기 때문이다. 사계절이나 주간은 사람들이 기억하기에 좋다. 특별한 시기나 날로 잘 나뉘어 있기 때문이다.

유대인들과 그리스도인들은 두 개의 달력을 사용해 왔다. 평범한 달력과 전례를 위한 특별한 달력(전례력)을 썼던 것이다. 매년 겨울마다 주님 성탄 대축일이 있다. 물론 해마다 예수님이 다시 태어나시는 것은 아니다. 다만 예수님 탄생을 축하하는 날이 다시 반복될 뿐이다. 앞에서도 말했듯이 특별한 날은 한 번뿐이다. 그러나 반복되는 날을 맞아 또 축하할 수 있다. 그렇게 우리가 그 날을 잊지 않고 기억할 수만 있다면 말이다.

> **그리스도교 축일과 기념일은 대부분 역사적 사실과 관련한다!**
>
> 1월 1일 '천주의 성모 마리아 대축일'은 성모님이 하느님의 어머니라는 칭호를 부여받은 것을 기념한 축일이고, 2월 2일 '주님 봉헌 축일'은 성모님이 아기 예수님을 성전에서 하느님께 봉헌하신 것을 기념한 날이다. 이처럼 모두 그때마다 특별한 사건을 기억하는 것이다. 주님 부활 대축일을 비롯해 부활 팔일 축제는 '예수님이 돌아가신 다음 부활하신 사건'을 기억하는 것이다. 물론 그 사건은 한 번만 일어났고, 그렇게 한 번 일어난 것으로 충분하다. 우리가 그 사건을 항상 기억한다면 말이다.

80
그리스도인의 하루는 언제부터 시작될까?

확실히 말하기는 힘들지만, 우리는 보통 아침에 하루가 시작된다고 생각한다. 해가 떠오르는 순간, 자명종이 울리는 순간, 잠에서 깨어나는 순간부터라고 할까. 시계를 기준으로 하면 하루는 한밤중에 시작된다고 할 수 있다. 24시간인 하루는 밤 11시 59분에 끝나고 12시, 즉 0시가 되는 순간에 다음 날이 시작된다고 할 수 있기 때문이다.

그러나 유대인들과 그리스도인들에게 하루는 이와 달리 전날 저녁부터 시작된다고 할 수 있다.

그래서 유대인들의 안식일은 보통 토요일 아침이 아니라, 금요일 저녁부터 시작된다. 즉 금요일 저녁에 별이 처음 뜰 때부터 안식일이 시작되는 것이다. 그리스도인들도 이런 하루 계산법을 이어받았다. 주님 성탄 대축일은 12월 25일인데, 24일 저녁에 성탄 전야 미사를 봉헌한다. 주님 부활 대축일도 마찬가지다. 성토요일 저녁에 파스카 성야 미사를 봉헌한다.

81
전례력이란 무엇일까?

'전례력'은 교회가 전례를 지내려고 마련한 달력이다. 우선 '전례'란 하느님이 우리에게 베푸신 큰 사건을 기억하며 감사하는 예식으로, 그런 은혜로운 사건은 때맞추어 기억하고 기념해야 할 것이다. 그래서 1년을 주기로 날수를 계산해 표시한 달력을 '전례력'이라 한다.

전례 시기는 크게 삼등분하여 연중 시기, 사순과 부활 시기, 대

> **신자들은 주일마다 축일을 지낸다!**
> 교회에서 주간 첫날인 주일은 항상 주님을 모시고 기뻐하는 날이다. 이는 '주님의 부활을 기뻐하는 날'이란 뜻이다. 그리고 이날을 '주일'이라고 부르는 데에도 그런 뜻이 담겨 있다. 곧 주일은 '주님의 날'이라는 의미다. 성경도 다음과 같은 사실을 전해 준다. "그리스도인들이 주간 첫날에 함께 모여 성찬을 지내며 기도했다."(사도 20,7; 1코린 16,2)

림과 성탄 시기로 나눈다. 그리고 각 시기마다 반드시 기념해야 할 '대축일과 축일과 기념일'을 표시한다.

전례력에서 좀 더 중요한 날을 꼽으라면 주님 성탄 대축일과 주님 부활 대축일일 것이다. 그래서 주님 성탄 대축일을 잘 맞으

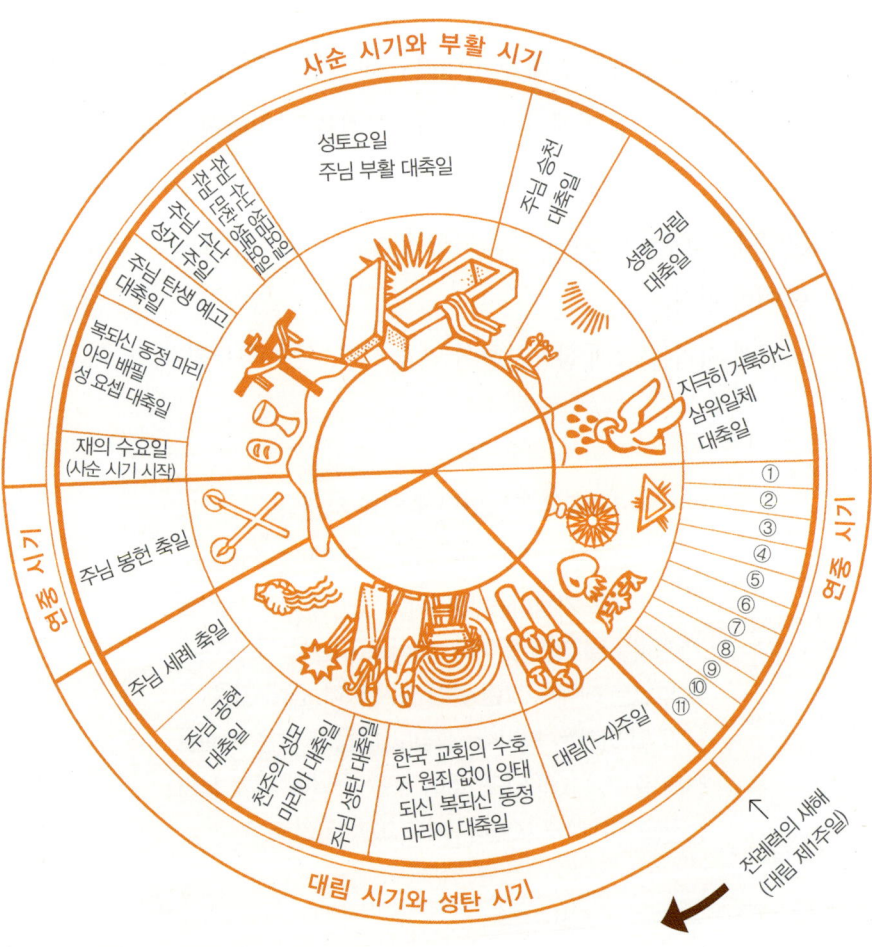

전례력

[대림 시기와 성탄 시기]
대림 제1~4주: 주님 성탄 대축일 4주일 전 주일부터 4주간, 대림 제1주일은 전례력으로 새해, 11월~12월
한국 교회의 수호자 원죄 없이 잉태되신 복되신 동정 마리아 대축일: 12월 8일
주님 성탄 대축일: 12월 25일
천주의 성모 마리아 대축일: 1월 1일
주님 공현 대축일: 1월 2일에서 8일 사이의 주일, 1월
주님 세례 축일: 주님 공현 대축일 다음 주일 또는 바로 다음 날, 1월

[연중 시기]
주님 봉헌 축일: 2월 2일

[사순 시기와 부활 시기]
재의 수요일: 주님 부활 대축일 되기 전 40일(주일을 제외) 수요일, 2월~3월
복되신 동정 마리아의 배필 성 요셉 대축일: 3월 19일
주님 탄생 예고 대축일: 3월 25일, 주님 성탄 대축일부터 아홉 달 전에 기념
주님 수난 성지 주일: 주님 부활 대축일 전 주일, 3~4월
주님 만찬 성목요일, 주님 수난 성금요일, 성토요일: 주님 부활 대축일 전 목요일, 금요일, 토요일
주님 부활 대축일: 춘분 이후 첫 번째 보름달(만월)을 넘긴 일요일, 만약 만월이 주일이면 그다음 주일, 3~4월
주님 승천 대축일: 부활 제6주간 주일. 우리나라는 부활 제7주일로 옮겨 지냄. 5월
성령 강림 대축일: 주님 승천 대축일 다음 주일, 5월

[연중 시기]
지극히 거룩하신 삼위일체 대축일: 성령 강림 대축일 다음 주일, 5~6월
① **지극히 거룩하신 그리스도의 성체성혈 대축일**: 삼위일체 대축일 다음 주일, 6월
② **지극히 거룩하신 예수 성심 대축일**: 그리스도 성체성혈 대축일 다음 금요일, 6월
③ **성 요한 세례자 탄생 대축일**: 6월 24일
④ **성 베드로와 성 바오로 사도 대축일**: 6월 29일
⑤ **한국 성직자들의 수호자 성 김대건 안드레아 사제 순교자 – 신심 미사**: 7월 5일
⑥ **성모 승천 대축일**: 8월 15일
⑦ **성 김대건 안드레아 사제와 성 정하상 바오로와 동료 순교자들 대축일**
　: 9월 20일, 그날이 평일일 경우 그 주 주일에 지내기도 함–경축 이동
⑧ **아기 예수의 성녀 데레사 동정 학자 기념일**: 10월 1일
⑨ **모든 성인의 대축일**: 11월 1일　⑩ **죽은 모든 이를 기억하는 위령의 날**: 11월 2일
⑪ **온 누리의 임금이신 우리 주 예수 그리스도 왕 대축일**: 연중 마지막 주일이자 한 해 마지막 주일, 11월

려고 대림 시기를 보내고, 주님 부활 대축일을 잘 맞으려고 사순 시기를 지낸다. 그 밖에도 일정한 날짜마다 축일이나 기념일을 지낸다. 축일이나 기념일은 보통 신앙의 모범이 되는 성인들이 돌아가시거나 순교하신 날이나 교회가 신자들의 신심을 위하여 순교자들과 다른 성인들을 기념하도록 지정한 전례일을 가리킨다.

교회가 약 2000년이 넘는 시간 동안 맥을 이어 왔으니 성인들도 아주 많다. 전 세계 곳곳의 성인들과 우리나라의 성인들, 특히 신앙을 위해 목숨을 바쳤던 순교자들을 모으면 아주 많을 것이다.

전례력의 한 해 시작과 마침 역시 일반 달력과는 다르다. 즉 일반 달력은 1월 1일이 새해의 시작이지만, 전례력에서는 연중 시기가 끝나고 대림 시기가 시작될 때, 즉 대림 제1주일이 새해가 시작되는 날이다. 전례력에서 한 해의 마지막 날은 온 누리의 임금이신 우리 주 예수 그리스도 왕 대축일을 지내는 주간의 토요일이다.

82
촛불은 언제, 어디에 켤까?

성당에는 여러 군데에 촛대와 초가 놓여 있다. 미사를 시작하기 전에 제단 위에 있는 초에 불을 밝힌다.

대림 시기에는 대부분 제대 앞에 '대림환'을 마련한다. 이 대림환에는 보라색 계열의 초 네 개가 있다. 네 개의 초를 대림 시기 4주 동안 매주 하나씩 차례로 켠다. 이는 세상의 빛이신 그리스도의 탄생을 기다리며 준비하기 위해서다.

부활 시기에는 '파스카 초'가 제대 옆에 놓여 있다. 다른 초들에 비해 훨씬 큰 파스카 초에는 빨간색 십자가와 함께 십자가를 중심으로 좌우, 위아래에 숫자가 하나씩 표시된다. 숫자는 연도를 가리키고, 십자가 위아래에는 A(알파)와 Ω(오메가)가 적혀 있다. 알파와 오메가는 그리스어 알파벳 첫 글자와 마지막 글자로 시작과 마침을 상징한다. 파스카 초에 이런 글씨를 적는 것은 세상을 밝히시는 예수님이 바로 이 세상의 '시작'이자 '마침(완성)'이라는 뜻이다.

어떤 성당에서는 초를 밝힐 수 있는 봉헌대가 성모상 앞에도 있다. 그만큼 성모상 앞에서 자주 기도드린다는 뜻이다. 성모상 앞에 작은 유리컵에 담긴 초들을 볼 수도 있을 것이다. 이런 경우 촛값으로 봉헌금을 내고 촛불을 밝혀 기도하기도 한다.

촛불에서 타오르는 연기는 우리의 간절한 기도가 하늘로 올라가는 것을 표현한다고 한다. 우리는 기도하는 순간에 하느님과 우리가 서로 마주할 뿐만 아니라 우리가 기도해 주는 사람들과 하느님을 서로 연결해 준다고 믿는다. 만일 가족이 아프거나 친구가 어려움에 처해 있다면 그 사람을 위해 촛불을 밝혀 기도할 수 있다. 우리의 기도가 타오르는 촛불의 연기처럼 하느님께 올라가도록 정성을 담는 것이 중요하다.

83
사제는 언제 어떤 색깔의 제의를 입을까?

사제가 입는 제의를 유심히 보면 전례 시기에 따라 보라색, 흰색, 붉은색, 장미색, 녹색 등 색깔이 다르다. 또한 본당마다 조금 다를 수 있겠지만, 어떤 성당들에서는 제대나 독서대를 덮는 천을 비롯해 복사단의 겉옷도 제의색과 맞추기도 한다.

교회에서는 언제 어떤 색 제의를 입어야 하는지 오래전부터 정해 놓았다. 색에 담긴 특별한 의미와 상징을 받아들인 것이다. 그런 제의 색깔을 가리켜 '전례색'이라고 부르는데, 색깔마다 각각 다른 뜻이 담겨 있다.

보라색은 준비 또는 다른 차원으로 건너감을 뜻한다. 그래서 대림 시기와 사순 시기에 사용한다. 주님 성탄 대축일이나 주님 부활 대축일을 잘 맞이하려고 준비하거나 다른 차원으로 건너가야 하는 시기라는 뜻이다. 기쁨을 맞이하려면 반드시 죄를 뉘우치고 용서를 빌어야 하기에 속죄, 회개를 뜻하기도 한다. 또한 장례 예식 때 보라색 제의를 입는 경우도 있는데, 이는 부활의 기쁨을 희망하는 사람은 죽음 또한 건너가야 할 순간이라는 것을 대신 말해 준다.

흰색은 보통 '빛의 색'이라고도 말한다. 그러니 전례에서는 아주 특별한 색이다. 이 색은 순결, 기쁨, 영광을 의미하는데, 특히 우리에게 빛이신 예수님을 가리킨다. 그러므로 주님 성탄 대축일, 주님 부활 대축일, 지극히 거룩하신 그리스도의 성체 성혈 대축일, 온 누리의 임금이신 우리 주 예수 그리스도 왕 대축일 등 거의 모든 대축일에 흰색 제의를 입는다.

또한 흰색은 '새로움'을 뜻한다. 그래서 세례식에서도 세례 받는 사람들은 흰옷을 입거나 하얀 미사포를 머리에 쓰고 새로운 삶을 살아갈 것을 다짐한다. 이는 예수 그리스도 안에서 새롭게 태어남을 의미한다.

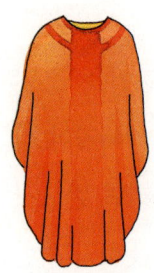

붉은색은 성령의 색깔이다. 신앙을 지키다 죽은 순교자들의 색깔이기도 하다. 그래서 성령 강림 대축일, 견진성사가 있는 날, 순교자들 축일에 붉은색 제의를 주로 입는다. 그 밖에도 주님 수난 성지 주일과 주님 수난 성금요일에 붉은색 제의를 입는다.

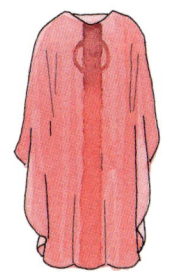
장미색은 보라색이나 붉은색보다 색이 연하다. 준비 기간이 끝나 가면서 기쁨의 순간이 가까이 왔음을 뜻한다. 그래서 주님 성탄 대축일을 앞둔 대림 제3주일이나 주님 부활 대축일을 앞둔 사순 제4주일에 장미색 제의를 입는다. 이는 '이제 곧 기쁜 때가 온다'는 희망을 전해 주는 것이다.

녹색은 희망과 깨어 있음을 뜻한다. 녹색은 전례력에서 일상을 가리킨다. 연중 시기에 녹색 제의를 계속 볼 수 있을 것이다. 사실 신자들은 매일 주님을 기다리는 믿음으로 살아야 하기 때문에 '희망과 깨어 있음'이 항상 필요할 것이다. 그래서 특별한 기념일이나 축일이나 대축일이 아닌 연중 시기에 사제는 녹색 제의를 입는다.

84
미사의 순서는?

    미사에 처음 참례한 사람은 미사가 어렵다고 느낄 수 있다. 사제가 혼자 바치는 기도문, 다 함께 바치는 기도문, 응답 등이 많기 때문이다. 즉 언제 어떤 기도를 바치고 뭐라고 응답해야 할지 알아차리기가 쉽지 않다. 게다가 일어서고 다시 앉고 무릎을 꿇는 등 다양한 동작을 취해야 한다. 그러나 미사 순서를 한 번 정확히 알고 나면, 그다음부터는 미사 참례가 어렵지 않을 것이다. 전 세계 어디를 가든지 미사 순서가 같기 때문이다.
    예를 들면 미국으로 유학을 가든지 아프리카로 여행을 가든지 그곳 성당에서 미사를 드리는 것이 전혀 어렵지 않다. 물론 그 나라 말로 미사를 드리겠지만, 미사 순서는 전 세계 어디서나 같기 때문이다. 외국어를 잘 모르더라도, 사제나 다른 신자들의 동작을 보고 무엇을 하는 중인지 충분히 알아차릴 수 있다.
    미사 순서를 잘 모를 때에는 복사들이 어떻게 행동하는지 유심히 지켜보면 된다. 복사들은 미사 시작부터 마침까지 모든 순서를 다 외운다. 서 있거나 무릎을 꿇거나 앉아야 할 때를 정확히 알고 있다. 미리 연습해서 미사 순서를 외운 것이다. 그래야 미사에서 사제에게 필요한 것을 가져다주는 등 그때그때 어떻게 해야 할지 알 수 있기 때문이다.

미사의 구조

시작 예식
입당
인사
참회
자비송
대영광송
(대림 시기와 사순 시기를 제외한 주일, 대축일, 축일)
본기도

말씀 전례
제1독서
화답송
제2독서(주일, 대축일)
복음 환호송
복음
강론

신앙 고백(주일, 대축일)
보편 지향 기도
(주일, 특별한 미사 때)

성찬 전례
예물 준비
제대와 예물 준비
예물 준비 기도
예물 기도

감사 기도
감사송
성령 청원: 축성 기원
성찬 제정과 축성문
기념과 봉헌
성령 청원: 일치 기원
전구
마침 영광송

영성체 예식
주님의 기도
평화 예식
빵 나눔
하느님의 어린양
영성체 전 기도
영성체
영성체송
감사 침묵 기도
영성체 후 기도

마침 예식
강복
파견

미사의 순서

(예시: 주일 미사)

미사 순서와 명칭	미사 내용	우리의 동작
시작 예식		
입당, 인사	사제 입장 후 십자 성호, 인사	서 있음
참회	"제 탓이오." 하는 고백기도 후 사제의 사죄경	
자비송	"주님, 자비를 베푸소서!"(함께 화답)	서 있음
대영광송	"하늘 높은 데서는 하느님께 영광"(사제가 선창한 후 화답)	서 있음
본기도	사제의 기도(그날 거행되는 신비의 내용을 알려 준다)	서 있음
말씀 전례		
제1독서	독서자가 독서대로 가서 성경을 봉독한다. 봉독이 끝난 후 독서자가 "주님의 말씀입니다." 하고 말하면, 모두 "하느님 감사합니다." 하고 응답한다.	앉아 있음
화답송	선창자가 시편을 읊거나 노래하면, 모두 '후렴'으로 응답한다.	앉아 있음
제2독서	또 다른 독서자가 독서대에서 성경을 봉독한다. 독서와 응답 방법은 제1독서의 경우와 같다.	앉아 있음
복음 환호송	알렐루야 또는 다른 노래가 따른다.	서 있음
복음	사제(또는 부제)가 복사들과 함께 독서대로 가서 "주님께서 여러분과 함께" 하고 말하면 모두 "또한 사제(부제)의 영과 함께" 하고 응답한다. 사제가 "(　　)가 전한 거룩한 복음입니다." 하면 모두 "주님, 영광받으소서." 하고 응답한다. 사제가 복음을 봉독한 뒤 "주님의 말씀입니다." 하고 말하면, 모두 "그리스도님 찬미합니다." 하고 응답한다.	서 있음
강론	사제가 그날의 독서와 그 밖의 다른 전례문들을 해설하는 강론을 듣는다.	앉아 있음
신앙 고백	'사도 신경' 또는 '니케아 콘스탄티노폴리스 신경'을 다 함께 암송한다.	서 있음
보편 지향 기도	몇몇 신자들이 대표로 보편 지향 기도를 바친다.	서 있음
성찬 전례		
제대와 예물 준비	차례대로 나와 봉헌함에 봉헌금을 낸다(봉헌 성가).	앉아 있음
예물 준비 기도	복사들이 빵과 포도주를 제대로 옮기면 사제는 차례로 하나씩 들고 조용히(또는 크게) 기도하고, 손을 씻은 다음 예물 기도 준비를 바친다(모두 일어나면서 '봉헌송'을 응답한다).	앉아 있음
예물 기도	사제가 예물 기도를 바치면 모두 "아멘" 하고 응답한다.	서 있음

미사 순서와 명칭	미사 내용	우리의 동작
감사송	"주님께서 여러분과 함께" "또한 사제의 영과 함께" "마음을 드높이" "주님께 올립니다." "우리 주 하느님께 감사합시다." "마땅하고 옳은 일입니다." 성찬 기도(사제) "거룩하시도다! 거룩하시도다! 거룩하시도다!"(합송/노래)	서 있음 노래 후 무릎 꿇음
성령 청원 축성 기원	예물(빵과 포도주) 축성을 위한 청원 기도(사제)	
성찬 제정과 축성문	"너희는 모두 이것을 받아 먹어라. 이는 …… 내 몸이다." "너희는 모두 이것을 받아 마셔라. 이는 …… 흘릴 피다. 너희는 나를 기억하여 이를 행하여라." 사제가 팔을 들어 올릴 때마다 타종 "신앙의 신비여!" "주님께서 오실 때까지 ……"(합송/노래)	무릎 꿇음
기념과 봉헌 성령 청원 일치 기원	"아버지 저희는 그리스도의 죽음과 부활을 기억하며 …… 감사하나이다." "간절히 청하오니 …… 성령으로 모두 한 몸을 이루게 하소서."	무릎 꿇음
전구	교회 안의 모든 이들을 위하여 기도함	
마침 영광송	사제는 축성된 빵과 포도주를 손에 들고 기도(노래) "그리스도를 통하여 그리스도와 함께 그리스도 안에서 ……." 모두 "아멘" 하고 응답한다.	응답 직후 일어섬
주님의 기도	사제의 선창으로 다 함께 주님의 기도를 바친다.	서 있음
평화 예식	사제가 "평화의 인사를 나누십시오." 하고 외치면, 제대를 향해, 옆 사람이나 가까이 있는 사람들과 "평화를 빕니다."라고 인사한다.	서 있음
빵 나눔 하느님의 어린양	사제가 축성된 빵을 나누는 동안 모두 "하느님의 어린양" 기도를 바친다.	서 있음
영성체 전 기도 영성체	사제가 영성체 전 기도를 한 후, 축성된 빵을 들어 올린 다음 "보라! 하느님의 어린양 ……." 하고 외치면, 모두 "주님, …… 한 말씀만 하소서 제 영혼이 곧 나으리다." 하고 응답한다.	"하느님의 어린양" 직후 무릎 꿇음
영성체송	영성체송을 한 뒤, 신자들은 앞에서부터 차례대로 영성체를 한다(성체 성가). 사제가 성체를 주면서 "그리스도의 몸" 하고 말하면, "아멘" 하고 응답하며 받아 모신다.	앉아 있음 (행렬 외)
감사 침묵 기도	영성체 후 묵상 사제는 제대에서 복사들의 도움을 받아 성합과 성작을 닦고 치운다.	앉아 있거나 무릎 꿇음
영성체 후 기도	사제가 "기도합시다 ……." 하고 기도를 바치면 "아멘" 하고 응답한다.	서 있음
마침 예식		
	사제는 본당 신자들이 알아야 할 소식이나 정보를 전달한다.	앉아 있음
강복	"주님께서 여러분과 함께" "또한 사제의 영과 함께" 사제는 "전능하신 천주 성부와 성자와 성령께서는 ……" 하고 모든 신자들을 향하여 십자 성호로 강복하면, "아멘" 하고 응답한다.	서 있음
파견	사제는 "미사가 끝났으니 가서 복음을 전합시다." 하고 선포하면, "하느님 감사합니다."라고 모두 응답한다(파견 성가).	서 있음 파견 성가 후 퇴장

85
강론이 지루하거나 어렵다면?

강론에서 사제는 미사 중에 읽은 독서나 복음 말씀에 관해 다시금 자세히 설명해 준다. 보통 10분 정도 강론을 하는데, 10분은 눈 깜짝할 사이에 지나가는 것처럼 재미있을 수 있지만 몇 시간처럼 지루하게 느껴질 수도 있다.

강론을 귀 기울여 잘 들어야 하지만, 강론이 너무 알아듣기 어렵다면, 제대 뒤로 보이는 십자가나 감실 또는 제대 위를 가만히 바라보거나 복음 말씀을 되새겨 보는 것도 좋다. 그렇게 성당 안이나 복음 말씀을 새겨 보면, 강론 시간이 금방 지나갈 것이다. 그런 다음 강론 후에 계속되는 미사에 또다시 귀를 기울일 수 있다.

그러나 강론이 지루하다고 잠을 자거나 주보 등 다른 것을 읽거나 해서는 안 된다. 사제는 그날의 성경 말씀 가운데 꼭 알아야 할 것을 강론 시간에 차근차근 설명해 주기 때문이다. 또한 성경 말씀에 따라 살아가려면 어떻게 해야 하는지도 알려 준다.

86
헌금은 어디에 쓰일까?

사도 신경을 다 함께 외우고 보편 지향 기도를 마치면, 신자들은 제단 앞에 놓인 헌금 바구니에 돈을 넣으러 앞으로 나간다. 이 돈을 '봉헌금'이라고 한다. '하느님께 봉헌하는 돈'이란 뜻이다. 그래서 이 돈은 첫째로 가난한 이웃들을 위해 쓰이고, 둘째로 성당에 필요한 것을 구입하거나 전교 등 성당 활동을 하는 데 사용된다. 예를 들면 봉헌금으로 성당을 수리하거나 새로 짓거나 냉난방 시설을 마련하거나 수도 요금을 낸다. 또는 빈민국 국민, 외국인 근로자, 이주민을 도와주기도 한다.

과부의 헌금
6세기, 모자이크, 산 아폴리나레 누오보 성당, 라벤나, 이탈리아.

87
봉헌이란?

    신자들이 헌금을 내는 동안 사제는 보통 제대 위에서 빵과 포도주를 봉헌한다. 물론 복사들이 사제 곁에서 돕는다. 봉헌되는 빵과 포도주는 그 자리에 모인 우리의 정성이라고 한다. 다시 말해 밀로 만든 빵과 포도로 빚은 포도주는 우리가 얻은 결실을 대신한다. 땅을 갈고 곡식과 과일나무를 잘 가꾸지 않으면, 좋은 밀과 포도를 수확할 수 없다. 그러므로 좋은 빵과 포도주를 마련하려면 그만큼 땀을 흘려야 한다. 이와 더불어 하느님이 태양과 바람과 날씨 등을 베풀어 주셨기 때문에 좋은 결실을 얻었다고 믿는다. 그래서 봉헌에는 우리가 받은 하느님의 큰 은혜에 작게나마 보답한다는 뜻이 담겨 있다.

    우리가 바치는 봉헌금은 그러한 보답 행위 가운데 하나다. 봉헌금도 하느님께 바치는 정성이기 때문이다. 물론 하느님께 밀, 포도, 돈만 바칠 수 있는 게 아니기 때문에, 다른 방법으로 보답하는 것도 잊지 말아야 한다.

    여기서 빵과 포도주에 담긴 '우리의 정성'이라는 의미 말고 또

다른 특별한 의미도 생각해 보자. 빵은 약속의 증표라고 한다. 즉 하느님이 우리를 사랑하신다는 증표다. 그리고 포도주는 완성의 증표라고 한다. 영원히 살아 계시는 하느님이 우리와 항상 함께 하신다는 증표다. 무엇보다도 그 이유는 다음과 같다.

하느님은 당신이 사랑하는 외아들 예수님을 이 세상에 보내셨다. 그렇게 세상에 오신 예수님은 우리 같은 사람들이 정말 행복해지려면 어떻게 살아야 하는지 가르쳐 주셨을 뿐만 아니라 몸소 보여 주셨다. 그렇게 하느님 나라가 "하늘에서와 같이 땅에서도" 이루어질 수 있음을 확인해 주신 것이다.

빵과 포도주는 미사에서 축성되어 예수님의 몸과 피가 된다. 이제 더 이상 무엇(예를 들면 우리의 정성)을 대신하거나 상징하는 것이 아니라, 예수님이 되는 것이다. 우리를 위해 몸과 피를 바치신 바로 그분이 된다는 뜻이다. 그래서 우리는 그분의 도우심으로 하느님 나라에 들어갈 수 있다. 예수님은 우리에게 말씀하셨다.

"나는 하늘에서 내려온 살아 있는 빵이다. 누구든지 이 빵을 먹으면 영원히 살 것이다."(요한 6,51)

88
미사 때 취하는 동작들은 어떤 의미가 있을까?

　미사에 참례하면 서기, 앉기, 무릎 꿇기 등 다양한 동작을 취한다. 이런 다양한 행동들에는 어떤 의미가 있을까? 미사 때 상당한 시간 동안은 앉아 있다. 왜 앉아 있을까? 앉는 것에도 의미가 있다. 무언가를 잘 들으려면 앉아야 한다. 그래서 독서자가 독서대에서 성경 말씀을 봉독하거나 사제가 강론하는 경우에 앉는다.

　그리고 사제가 복음을 봉독할 때 우리는 주의를 기울여 더 잘 들으려고 선다. 사실 서 있다는 것은 "내가 지금 준비하고 있으니, 언제든 불러 주세요. 당장 달려가겠습니다!"라는 뜻이다.

　인간은 직립 보행을 하는 유일한 생명체다. 그래서 서거나 걷는 행동으로 소중한 인간이라는 사실을 보여 준다. 사람들은 오래전부터 곧게 서 있을 수 있는 만큼 '곧은 마음'을 지녀야 한다. 자유롭고 솔직하며 진실한 마음, 즉 양심을 가리켜 곧은 마음이라고 한다. 곧게 서 있거나 걷는 것은 정직하고 올바른 인간이라는 것을 드러내는 상징이 될 수 있다. 미사 중에도 우리는 서거나 잠깐씩이라도 걷게 되는데, 이럴때 그 의미를 생각해 보면 좋을 것이다.

무릎 꿇기는 매우 간절하게 기도하거나 누군가를 아주 존경할 때 취한다. 존경하는 상대방에 비해 자신은 보잘것없음을 뜻한다. 그러나 무릎은 꿇지만, 마음은 곧아야 한다. 그래서 상체는 곧게 세우고, 존경하는 상대방을 부드러운 눈길로 바라봐야 한다. 하느님께 기도드릴 때처럼, 중요한 기도를 바칠 경우 보통 무릎을 꿇는다. 또한 무릎 꿇기를 통해 우리가 간절히 청해야 할 분이 바로 하느님이시라는 사실을 알 수 있다.

89
무릎을 꼭 꿇어야 할까?

　무릎을 꿇으면 불편하고 성가신데 꼭 무릎을 꿇어야 할까? 또 언제 무릎을 꿇어야 할까? 서양에서는 오래전부터 '무릎절'로 존경을 표시해 왔다. "세상의 모든 권세가들이 오직 그분께 경배하고 흙으로 내려가는 모든 이들이 그분 앞에 무릎을 꿇으리라."(시편 22,30) 하느님보다 더 높은 분이 없으니, 가능한 한 가장 많이 하느님께 경의를 표하는 것이 당연하지 않을까? 더 나아가 무릎을 꿇는 것은 매우 절실한 것을 간청하거나 큰 잘못을 저지르고 용서를 청하는 몸가짐으로서 '자신을 낮추는 겸손한 모습'이라고 할 수 있다. 그래서 주님 앞에서 무릎을 꿇을 때마다 "지혜의 교훈은 주님을 경외하는 것이다. 영광에 앞서 겸손이 있다."(잠언 15,33)라는 말씀을 떠올려 볼 수 있다. 미사에서 무릎을 꿇을 때 무슨 일이 벌어지는지, 그 순간 사제가 어떤 기도를 바치는지 귀 기울여 보자. 예를 들면 사제가 성체를 축성(사람이나 물건을 하느님에게 봉헌하여 거룩하게 하는 것)할 때 우리는 무릎을 꿇는다(때로는 서기도 한다). 그 순간 우리는 어떤 마음가짐을 지녀야 할까?

90
산타클로스도 가톨릭 성인?

산타클로스란 이름은 원래 산타 Saint와 클로스Claus라는 단어를 합친 것이다. 산타는 성인이라는 뜻인데, 성인은 '모범적으로 믿음을 지킨 사람'을 의미한다. 그리고 클로스는 '니콜라우스'를 줄여서 부른 이름으로, 니콜라오(니콜라우스) 성인을 가리킨다. 그래서 산타클로스는 '니콜라오 성인'이라는 뜻이다. 니콜라오 성인은 약 1700년 전에 오늘날 터키 지역에 살았던 주교였다. 그분은 실존했던 분으로 현재 성인으로 추앙받는다.

인정 많은 니콜라오 주교는 가난한 사람들과 어린아이들을 잘 보살폈기 때문에, 많은 사람들은 그분을 기억한다. 사람들이 니콜라오 주교의 초상화를 그릴 때면 구슬 세 개를 손에 쥔 모습으로 그렸는데, 그럴 만한 이유가 있다.

옛날에 가난한 가족이 살았는데, 굶어 죽지 않으려면 세 딸을 다른 집에 팔아야 했다. 이 소식을 들은 니콜라오 주교는 그 집을 지나가다 금 구슬이 든 자루 셋을 창문 너머로 남몰래 던져 주었다고 한다. 이 일로 그 가족은 세 딸을 팔아넘기지 않고 함께 살 수 있었던 것이다.

이 이야기가 널리 퍼져 오늘날의 산타클로스가 되었다. 니콜라오 주교는 12월 6일에 선종했는데, 이날 모든 사람들이 그분의 사랑을 기억하기 시작했다.

산타클로스는 그런 거룩한 사람에 대한 기억에서 비롯되었다. 우리가 영화나 그림에서 보듯, 굴뚝으로 들어오거나 사슴이 끄는 썰매를 타고 다니는 산타클로스 할아버지는 실제 모습이 아니다. 옛날 인정 많던 주교와는 매우 다른 모습이다.

주님 성탄 대축일은 아기 예수님의 탄생을 기뻐하는 날이다. 그렇다면 예수님이 '가난한 사람들을 위해 오신 것처럼' 우리도 가난한 이웃을 걱정하고 도와줘야 할 것이다. 니콜라오 주교가 가난한 사람들을 남몰래 도와주었다면, 우리도 그렇게 사는 것이 옳지 않을까? 그것이 산타클로스를 기억하는 올바른 태도가 아닐까?

91
대림 시기는 왜 매년 지낼까?

교회는 대림 시기와 함께 새로운 해를 맞이한다. 교회 달력으로 대림 제1주일부터 새해가 시작된다.

대림은 '예수님이 오시기를 기다린다'는 뜻이다. 대림 시기에는 주님 성탄 대축일, 즉 아기 예수님의 탄생을 기다리는데, 이 기다림에는 세 가지 의미를 내포하고 있다.

즉, 이미 '이천 년 전에 오신 예수님'을 기억하며 축하하고, '이번 성탄에 다시 오실 아기 예수님'을 기다리며, 장차 '우리를 위해 다시 오실 예수님'을 기다린다고도 할 수 있다.

예수님이 부활하시고 승천하신 뒤부터 오늘날까지 그리스도교 신자들은 '예수님의 재림'을 굳게 믿는다. 그래서 미사에서 이렇게 기도한다. "주님께서 오실 때까지 주님의 죽음을 전하며 부활을 선포하나이다."

그리스도교 신자들은 예수님이 다시 오시면 이 세상이 모두 구원될 것이라고 믿으면서, 끊임없이 기도하고 희망한다. 대림환의 네 개의 초가 하나씩 차례대로 켜지듯 희망의 빛이 점점 더 밝아 올 것이라고 믿는다.

 **대림 시기는 사실상 교회의 전례력에 뒤늦게 포함되었다!**

주님 성탄 대축일은 오래전부터 지내 왔는데도 대림 시기는 그렇지 않다는 것이 놀랍다. 전해 오는 이야기에 따르면, 어느 지혜로운 어머니가 주님 성탄 대축일을 기다리는 아들을 위해 빈 상자 24개를 준비하였다. 그런 다음 12월 첫날부터 상자를 매일 하나씩 열면서 하루하루 준비하도록 가르쳤다. 대림초도 그런 의미로 150여 년 전 독일 함부르크에서 처음 사용되었다고 한다. 우리도 12월 1일부터 하루하루 차분한 마음으로 기도하면서 주님 성탄 대축일을 맞이해 보면 어떨까?

92
주님 성탄 대축일은 어떤 날일까?

　주님 성탄 대축일은 아주 특별한 날이다. 이날은 누구나 쉽게 알 수 있다. 이날과 관련하여 거리마다 울려 퍼지는 캐럴과 크리스마스 장식을 볼 수 있다. 특히 크리스마스트리, 촛불, 별 모양 전등, 과자, 케이크, 선물, 산타클로스 그림과 인형을 어느 상점에서나 볼 수 있다. 이런 것들을 보면 우리는 주님 성탄 대축일이 가까워졌음을 알 수 있다. 그리고 무엇을 선물할지 서로 고민하거나 성탄절을 어떻게 지낼지 잔뜩 기대하기도 한다.

　주님 성탄 대축일은 누구보다도 그리스도교 신자들에게 중요한 날이다. 예수님이 태어나신 날이기 때문이다. 그리스도인은 예수님이 하느님의 아드님이라고 믿는다. 하느님이신데도 우리와 같은 인간이 되셨다고 믿는다. 세상을 창조하신 하느님이 우리를 위해 내어 주신 가장 큰 선물이라고 믿는다. 하지만 이러한 믿음을 갖는 것은 쉽지 않다. 믿기 어려운 것을 믿으려면 특별한 용기가 필요하다. 그래서 '하느님이 사람이 되셨다.'라는 믿음에는 특별한 용기가 필요하다. 더구나 그런 놀라운 일이 너무나도

초라한 외양간에서 일어났다는 사실을 믿는 데에는 더욱더 특별한 용기가 필요할 것이다. 가난하고 보잘것없는 사람들을 누구보다도 더 아끼고 보살피시는 하느님 사랑이 그렇게 세상에 드러났다고 성경은 전해 준다.

이처럼 하느님 사랑이 온 세상에 환히 드러날 것이라는 약속은 아주 오래전에 시작되었다. 이른바 옛 약속을 뜻하는 '구약'이 이를 가리킨다. 구약 시대의 이사야 예언자는 "젊은 여인이 잉태하여 아들을 낳고 그 이름을 임마누엘이라 할 것입니다."(이사 7,14) 하고 예언하였다.

하느님의 사랑은 저 높은 하늘에서 내려다보는 사랑이 아니라, 우리 곁에서 우리와 같은 모습으로 우리를 거들어 주고 도와주는 사랑이다. 하느님의 사랑을 몸소 보여 주신 예수님처럼 말이다. 태어나서 돌아가시기까지 오직 하느님의 사랑을 보여 주려고 온갖 노력을 다하신 예수님을 기억한다면, 우리는 하느님의 사랑이 어떠한지 짐작할 수 있을 것이다. 바로 그런 예수님이 태어나신 날이 주님 성탄 대축일이다. 그러므로 이날을 당연히 기억하고 하느님께 감사하며 기뻐해야 할 것이다.

93
성탄 구유는 왜 필요할까?

작게 만든 집에 진짜같이 꾸며 놓은 성탄 구유를 보면 무척 흥미롭다. 그런데 이 구유를 보기 좋으라고만 꾸며 놓았을까? 왜 1년 내내 그렇게 해 놓지 않을까? 성탄을 며칠 앞두고 구유를 꾸며 놓은 뒤 주님 공현 대축일을 지내고 나면 구유를 성당에서 치워 버린다. 왜 그럴까?

성탄 구유는 박물관이나 전시장처럼 보기 좋으라고 꾸며 놓는 게 아니다. 우리는 약 2주간의 성탄 시기 동안 구유 앞에서 반드시 생각해야 할 점이 있다.

구유에 놓인 아기 예수님을 중심으로 성모 마리아와 요셉 성인 그리고 천사들과 목동들, 양과 소, 말이나 나귀, 다 쓰러져 가는 허술한 외양간을 보면서 우리가 생각해야 할 것은 무엇일까? 실제 약 2000년 전에 성탄 구유에 놓인 아기처럼 이 세상에 오신 아기 예수님을 기억한다는 것은 무슨 뜻일까?

아마도 하느님의 아드님이신 예수님이 이 세상에 왜 오셨는지 조용히 생각해 보는 일일 것이다. 예수님은 사람들이 우러러보는 저 하늘나라에서 편히 계실 수도 있었을 것이다. 그런데 하느님이 왜 예수님을 천국에 머물게 하지 않으시고 어려움이 많은 이 세상으로 보내셨는지 곰곰이 생각해 보는 일 말이다.

성경에는 '하느님이 우리를 너무나 사랑하신 나머지'라고 그 이유가 나와 있다. 하느님의 사랑은 어떠한 어려움에도 그치지 않았고 식지 않았다. 그분의 사랑은 가난이나 추위보다 강하기 때문이다.

하느님은 인간에 대한 사랑 때문에 당신의 귀한 아드님을 세상에 선물로 내주셨고 그 무엇도 그것을 가로막지 못하였다. 하느님은 당신의 귀한 아드님을 먼저 한 여인의 손에 내주셨고, 그다음엔 귀한 아드님을 십자가에 매달아 죽이는 사람들의 손에 내주셨다. 왜 하느님의 귀한 아드님은 돌아가셔야 했을까? 우리는 이 물음에 대한 답을 구유 앞에서 생각해 봐야 하지 않을까?

94 성탄을 어떻게 묵상할까?

주님 성탄 대축일에 우리는 허름한 외양간에서 태어나신 아기 예수님을 가만히 지켜본다. 또한 루카 복음서가 전해 주는 성탄에 관한 이야기에 귀 기울인다. 마리아님과 요셉 성인은 왜 베들레헴으로 갔을까? 왜 그곳에서 잠잘 수 있는 방을 못 구했을까? 왜 다 쓰러져 가는 외양간에서 하룻밤을 지내려 했고, 때마침 거기서 아기 예수님이 태어나셨을까?

그 밖에도 아기 예수님이 태어나셨을 때 천사들의 합창과 목동들의 경배에 관해 듣게 된다. 그렇게 주님 성탄 대축일은 아기 예수님의 탄생을 모두 기뻐하는 날이다. 그렇게 매년 우리는 한 번도 빠짐없이 이날을 지내면서 이 세상 모든 사람들에게 '선물'로 오신 예수님을 생각하며 기뻐하는 것이다.

95 사순 시기에는 왜 금식을 할까?

사순 시기는 재의 수요일부터 시작되어 성토요일, 즉 파스카 성야 미사 전까지 이어진다. 사순이라는 말대로 40일 동안 지낸다.

사순 시기는 부활 시기를 준비하는 때다. 마치 '병아리가 달걀 껍질을 깨고 나오기 전까지 참고 준비하는 기간'과 같다고 하겠다. 재의 수요일 날 사제가 우리 이마나 머리 위에 십자가 모양으로 재를 발라 주는데, 이로써 사순 시기가 시작된다. 이 시기에 우리는 죄를 뉘우치고 새 삶, 즉 빛으로 나아가기 위해 준비한다.

금식은 밥을 굶는 것이다. 밥은 가끔 굶을 수 있다. 무척 화가 나거나 일을 서둘러 끝내야 할 때 음식을 먹지 못할 수 있는데, 사순 시기에 금식하는 것은 그 경우와는 다르다. 사순 시기에는 하느님의 사랑을 생각하지 못하고 저질렀던 죄를 하나하나 돌아보며 진심으로 용서를 구해야 하는 때이므로 금식을 한다. 이렇듯 먹는 즐거움을 스스로 포기하면서 잘못을 뉘우치는 행동이 바로 '금식'이다.

그래서 모든 신자는 그리스도의 수난에 함께 참여하고 자신과 이웃의 죄를 보속하는 정신으로 금식재(아침은 먹지 않고 낮 한끼는 충분히 먹은 다음, 저녁은 요기 정도 하는 것)와 금육재(고기나 고기로 만든 음식을 먹지 않는 것)를 지킨다.

매주 금요일은 금육재를 지키고, 재의 수요일과 주님 수난 성금요일에는 금식재와 금육재를 함께 지킨다. 다만, 대축일에는 금요일이라도 금육재를 지키지 않아도 된다.

모든 신자는 만 14세부터 죽을 때까지 금육재를 지켜야 하고, 만 18세 이상 60세 미만까지 금식재를 지켜야 한다.

그외 스스로 원할 때 금식을 할 수 있지만, 단지 음식이 먹기 싫어서가 아니라, 하느님의 사랑을 거스른 자신의 잘못을 깊이 뉘우치는 뜻에서 금식하는 것이 중요하다.

재의 수요일부터 주님 부활 대축일 전까지 세어 보면 40일이 훨씬 넘는다!

사순 시기는 40일인데, 참 이상하지 않은가? 아니면 다른 계산 방법이 있었던 것일까? '주님의 날'인 모든 주일은 주님의 부활을 기념하기 때문에 사순 시기의 주일들을 사순 시기에 포함하지 않는다. 그래서 사순 시기의 주일들을 모두 빼고 계산하면 정확히 40일이 나온다.

96
금식 중에는 아무것도 먹지 말아야 할까?

　금식은 밥은 물론 간단히 요기할 수 있는 간식조차도 먹지 않는 것을 뜻한다.

　다만 물은 마셔도 괜찮다. 그러나 달콤한 음료수나 청량음료는 마시지 않는 것이 좋다. 맥주나 포도주 같은 술은 더더욱 자제하는 것이 바람직하다. 예외적으로 금식일에도 음식을 먹을 수 있는 사람은 병자나 아주 힘든 노동을 해야 하는 사람이다.

　자신의 죄는 물론 다른 사람들의 죄를 함께 뉘우치는 동시에 예수님의 고통을 함께 나누는 것이 금식의 목표이자 정신이다. 그동안 하느님을 잊고 살았던 것을 모두 되돌아보려고 생각을 집중하는 게 금식이다. 음식을 먹는 시간은 물론 그 마음조차도 빼앗기지 않으려는 것이다.

　이웃을 내 몸처럼 사랑해야 하는데 그렇게 하지 못한 것, 맛있고 재미있는 것만 찾으면서 가족을 속상하게 했던 것, 주변의 가난한 사람들을 돌보지 못했던 것을 깊이 뉘우치는 시간이다. 또한 하느님이 주신 사랑의 선물을 주위 사람들과 함께 나누지 못한 잘못을 부끄러워하며, 다른 이들을 위해 기도하지 못한 일에 대해 용서를 구하는 시간이다.

　이처럼 사순 시기는 예수님을 충실히 따르는 올바른 그리스도인이 되려고 다시금 결심하는 시간이다. 자기 자신만을 위해 살기보다는 이웃과 함께 살아가겠다는 마음을 단단히 붙드는 중요한 시간이다. 맛 좋은 간식 때문에 그런 중요한 시간을 보내지 못한다면 정말 안타깝지 않을까?

97
주님 수난 성지 주일에 성지로 무엇을 할까?

사순 시기 마지막 주일, 즉 주님 부활 대축일 한 주 전에 '주님 수난 성지 주일'을 맞는다. '성지聖枝'란 '거룩한 나뭇가지'라는 뜻이다.

성경은 예수님이 붙잡히시기 전에 나귀를 타고 예루살렘 도성에 들어가셨다고 전한다. 예루살렘 도성에 막 들어가실 때, 그곳에 모였던 군중이 "다윗의 자손께 호산나!"(마태 21,9) 하고 외쳤다. 그 외침은 요즘 말로 "다윗 가문의 임금님, 어서 오세요. 환영합니다!"란 뜻이다. 이때 군중은 손에 푸른 나뭇가지를 들고 흔들었다고 한다. 마치 깃발을 들고 흔드는 것처럼 예수님을 환대하였던 것이다. 옛날에는 임금과 같이 고귀한 분이 마을을 방문하면 백성이 길거리에 서서 큰 소리로 환영했는데, 그때처럼 예수님을 맞이했던 것이다. 이는 예수님을 임금과 같이 고귀한 분으로 알아보았다는 뜻일 것이다.

우리는 이 광경을 분명히 기억해야 한다. 며칠 지나지 않아 예수님이 죄인처럼 취급받고, 결국에는 십자가에서 비참하게 죽음을 당하시는 것과는 아주 대조적이기 때문이다. 예수님을 죄인으로 심판한 행동이 분명히 잘못되었다는 것을 이 광경으로 알 수 있다. 그래서 성지를 흔드는 우리 마음은 기쁘지만은 않다. 우리는 머지않아 예수님을 배반하고 죽음으로 몰아넣는 군중이 될 것이기 때문이다.

미사가 끝나면 성지를 각자 집으로 가져간다. 그리고 사람들 대부분은 집에 걸려 있는 십자고상 뒤에 함께 걸어 둔다. 높이 달린 십자가와 성지를 바라보면서 사람들이 예수님을 환영했던 모습, 수난당하시고 십자가의 길을 가시다가 마침내 십자가에 못 박혀 죽으시고 무덤에 묻혔다가 사흘 만에 부활하신 예수님을 생각하면 좋을 것이다.

재의 수요일에 사용하는 재는 어떻게 만들었을까?

재의 수요일에 사제가 우리 이마에 재로 십자 성호를 그어 주는데, 이때 사용하는 '재'는 대부분 지난해 성지 주일에 교우들이 받았던 성지를 태워서 만든 것이다. 사제는 만든 재에 성수를 뿌려 축복한 다음 그 재를 묻혀 우리 이마에 십자가 형태로 그으면서 "사람은 흙에서 왔으니 흙으로 돌아갈 것을 생각하십시오."라고 말한다.

98
사제는 주님 만찬 성목요일에 왜 신자들의 발을 씻겨 줄까?

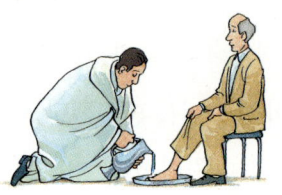

주님 만찬 성목요일에 사제는 예수님의 열두 제자를 상징하는 열두 신자에게 발을 씻겨 준다. 물론 이 발씻김 예식에 앞서 예수님이 제자들의 발을 씻겨 주신 내용의 성경 말씀을 봉독한다.

예수님이 살아 계셨을 당시에는 하인이 주인의 발을 씻겨 주었다. 이는 '주인에게 온몸을 바쳐 봉사하는 것'을 가리킨다. 이와 마찬가지로 예수님도 제자들을 위해 봉사하신 것이다. 예수님은 "주님이며 스승인 내가 너희의 발을 씻었으면, 너희도 서로 발을 씻어 주어야 한다. 내가 너희에게 한 것처럼 너희도 하라고, 내가 본을 보여 준 것이다."(요한 13, 14-15)라고 말씀하셨다. 그래서 예수님을 가까이 따르는 사제가 먼저 그렇게 하는 것이다. 물론 우리도 예수님을 따르는 만큼 살아가는 동안 그렇게 서로 봉사해야 할 것이다.

주님 만찬 성목요일에는 조금 특별하게 미사를 봉헌한다. 예를 들면 '대영광송'을 부를 때 여느 때와는 달리, 웅장한 성당 오르간 반주와 함께 대영광송을 부르면서 복사가 잠시 동안 요란하게 종을 흔든다. 그런 다음 성토요일 파스카 성야 미사 때까지 성당 오르간과 다른 악기들은 전혀 사용하지 않는다. 이는 이제 침묵 속에서 주님의 수난을 조용히 기억해야 함을 의미한다.

특히 주님 만찬 성목요일 미사는 복음 말씀이 긴 편이다. 이는 예수님 최후의 만찬을 좀 더 자세히 기억하기 위해서다. 이날은 고대 유대인들의 '파스카 축제' 전날이기도 하다. 빵과 포도주를 축성하여 서로 나누어 먹는 예식은 여느 때보다 훨씬 더 차분하다.

죽음을 앞둔 예수님이 마지막으로 제자들과 함께 식사하시는 분위기라서 매우 숙연해진다고 할 수 있다. 그래서 마치 유언처럼 남기신 예수님의 말씀이 더욱 가슴 깊이 와 닿는다. "너희는 나를 기억하여 이를 행하여라. 나와 같이 자신의 목숨을 내어 주는 것이 참된 사랑임을 명심하고, 너희도 나를 본받아 서로 사랑하여라!"(마태 26,26-30; 마르 14,22-26; 루카 22,14-20; 1코린 11,23-25 참조)

사제가 높이 들어 올리는 '빵과 포도주'는 예수님의 살과 피로 축성되고, 사제는 그것을 우리에게 나누어 준다. 그렇게 우리도 서로 나눌 때 그리스도인의 참모습이 드러날 것이다. 성체는 미사가 끝난 후 성당 안에 있는 감실이 아니라, 성당 바깥에 따로 마련된 수난 감실에 모신다. 감실 문은 열린 채로 그냥 둔다. 다음 날 주님 수난 성금요일의 수난을 준비하는 것이다. 그래서 신자들은 강복이나 파견 예식 없이 조용히 집으로 돌아간다. 또한 이때부터 모든 신자들은 밤새 성체 조배를 하며 수난 감실을 지키게 된다.

99
주님 수난 성금요일은 무슨 날일까?

주님 수난 성금요일은 예수님이 붙잡혀 온갖 수모와 고통을 받으시고 끝내 십자가에서 죽음을 당하시는 사건을 기억하는 날이다. 그래서 '슬픔의 금요일'이라고도 부른다. 이날은 미사를 지내지 않는다. 다만 오후 3시경 모든 성당에서는 예수님의 수난과 죽음을 묵상하는 예식을 한다. 흔히 '주님 수난 예식'이라고 한다.

제대는 전날 주님 만찬 미사 후 깨끗하게 치웠다. 미사 경본도 촛불도 없다. 오르간을 비롯한 모든 악기는 연주하지 않는다. 전례는 말씀 전례와 십자가 경배, 영성체로 진행된다.

제단 위에서 사제와 몇몇 신자들이 예수님의 수난에 관한 긴 성경을 봉독한다. 이때 우리는 성경 말씀에 따라 예수님이 당하신 고통을 생각하면 좋다.

사제의 강론이 끝나면, 아주 특별한 보편 지향 기도를 오랫동안 바친다. 보편 지향 기도는 열 번 바치는데, 한 번 끝날 때마다 무릎을 꿇거나 고개를 숙여 잠깐 묵상한다. 이는 온 세상의 믿는 이와 믿지 않는 이들, 특히 갈라진 다른 신자들(유대교, 정교회, 개신교 등)을 위해 바친다.

　그런 다음 십자가를 제단 앞에 모실 때까지 사제는 마치 파스카 초를 들고 갈 때처럼 행렬한다. 그리고 십자가를 높이 들어 올릴 때마다 "보라, 십자 나무! 여기에 세상 구원이 달렸네." 하고 노래한다. 그러면 신자들은 "모두 와서 경배하세."를 노래로 응답한다.

　이 예식이 끝나면, 신자들은 차례로 제단 앞으로 나와서 십자가 앞에 큰 절을 올린다. 그런 다음 성체를 받아 모시는 예식을 한다. 이날 이 예식과 함께 '십자가의 길' 기도도 바친다. 성당에 있는 십자가의 길 14처를 차례로 묵상하면서 함께 기도하는 것이다.

100
파스카 성야 미사는 왜 특별할까?

파스카 성야 미사는 교회에서 가장 중요한 전례다. 그래서 그토록 오랫동안 준비하고 기다리는지도 모른다. 중요한 전례라서 특별한 예식이나 미사 도구나 성가가 많다. 성삼일에 침묵하던 오르간이나 다른 악기들도 파스카 성야 미사에서 비로소 연주할 수 있게 된다. 보통 주일 미사보다 훨씬 많은 복사단이 행렬하고, 분향 예식도 한다. 성가대는 오랫동안 준비한 성가를 크고 힘차게 부른다. 성가를 이렇게 부르는 것은 예수님이 죽음을 이기고 부활하셨기 때문에 기쁨과 희망이 넘치는 노래로 표현하는 것이다.

파스카 성야 미사는 보통 모든 불을 끄고 성당 문간에 사제와 복사단이 서서 시작한다. 그리고 그 어둠 속에 한 줄기 촛불이 타오르는데, 바로 파스카 초다. 예수님을 상징하는 파스카 초는 이제 온 세상의 어둠을 물리치고 우리를 밝혀 줄 것이다. 그래서 사제나 부제는 세 번씩이나 "그리스도 우리의 빛!" 하고 크게 외친다. 그러면 신자들은 모두 "하느님, 감사합니다." 하고 노래로 답한다. 파스카 초를 제대 옆에 세워 둔 다음 사제는 '부활 찬송'을 노래한다. "용약하라, 하늘 나라 천사들 무리. 환호하라, 하늘 나라 신비. 구원의 우렁찬 나팔 소리, 찬미하라, 임금의 승리……." 부활 찬송의 가사는 모두 성경을 토대로 했다. 천지 창조에서 예수님의 부활 사건에 이르기까지 하느님이 세상의 모든 사람들을 위해 오랫동안 보여 주신 사랑의 역사를 요약한 것이다. 모든 성인들을 기억하는 동시에 함께 하느님의 영광을 노래한다.

때때로 파스카 성야 미사에서 '세례 예식'이 함께 진행되기도 한다. 새로 교회에 들어오는 사람들을 환영하는 예식이라고도 할 수 있다. 예수님을 따라서 살겠다고 결심하고 몇 달 동안 준비했던 사람들을 모든 신자들이 보는 자리에서 받아들인다는 뜻이다. 새 신자들과 함께 일반 신자들도 마음을 새롭게 다잡아야 한다. 그동안 잠깐잠깐 해 왔던 미신이나 불순한 생각을 아예 '끊어 버리고', 하느님만을 믿고 따르겠다고 새롭게 다짐해야 한다.

주님 부활 대축일 때 어떻게 인사를 주고받는가?

미사 끝에 강복과 함께 사제가 "가서 복음을 전합시다. 알렐루야, 알렐루야!" 하고 외치는데, 마지막에 덧붙이는 '알렐루야, 알렐루야!'는 오늘날 하이파이브와 함께 외치는 감탄사보다 훨씬 더 신이 나서 터져 나온 외침이다. 부활의 기쁨이 얼마나 큰지 자신도 모르게 터져 나온 환호인 것이다.

101
부활 시기는 언제부터 언제까지일까?

전례력에서 부활 시기는 파스카 '성삼일聖三日' 다음 날부터 시작된다. 파스카 성삼일은 주님의 수난과 죽음과 부활로 이어지는 '주님 만찬 성목요일 저녁 미사'부터 시작하여, '주님 수난 성 금요일 십자가 경배'와 '성토요일의 파스카 성야 미사'에서 정점에 이르고, '주님 부활 대축일 저녁 기도'로 끝난다.

부활 시기는 주님 부활 대축일 이후부터 성령 강림 대축일까지 50일 정도다. 예수님이 부활하셔서 한동안 세상에 머무르시다가 하늘로 올라가신 다음 성령을 보내실 때까지 50일이 걸렸기 때문이다. 이 50일째 되는 날이 유대인들의 오순절 축제이기도 하여, 이 성령 강림 대축일을 '오순절'이라고도 한다. 그리스도인에게 오순절이란 '예수님이 부활하셔서 50일이 되는 날'이란 뜻이고, 이 성령 강림으로 인해 교회가 시작되었다고 하여, 교회의 생일이라고도 한다.

102
예수님 부활을 상징하는 것은?

주님 부활 대축일과 관련한 특별한 상징물들이 있는데, 다음과 같은 것들이다.

파스카 초

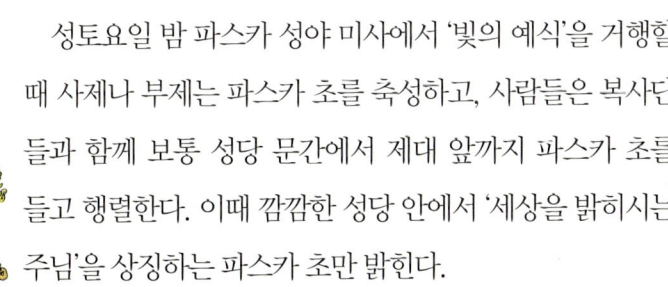

성토요일 밤 파스카 성야 미사에서 '빛의 예식'을 거행할 때 사제나 부제는 파스카 초를 축성하고, 사람들은 복사단들과 함께 보통 성당 문간에서 제대 앞까지 파스카 초를 들고 행렬한다. 이때 깜깜한 성당 안에서 '세상을 밝히시는 주님'을 상징하는 파스카 초만 밝힌다.

이를 세상 사람들에게 알리려고 사제는 파스카 초를 높이 들고 "그리스도 우리의 빛!" 하고 크게 세 번 외친다. 세 번 반복하는 것은 '주님을 충분히 알린다'는 뜻이다.

파스카 초는 부활 시기 내내 제대 위에 켜 있을 것이다. 그리고 파스카 성야 미사 때에 일반 신자들뿐만 아니라 이제 막 세례 받는 사람들의 손에 촛불을 쥐어 줄 때에도 이 파스카 초에서 불씨를 얻는다. 신자들은 주님의 빛을 지키고 또 널리 전해야 한다는 뜻이다.

부활 달걀

주님 부활 대축일에는 그림을 그린 달걀을 신자들과 나눈다. 이는 오래된 전통으로, 달걀은 '생명'과 '부활'을 상징한다.

옛날 유럽에서는 죽은 사람을 달걀과 함께 묻기도 하였다. 겉으로는 보이지는 않지만, 딱딱한 껍질 속에서 생명이 살아 숨 쉬는 것을 기억하기 위해서다. 인간의 죽음도 비록 몸은 딱딱하게 굳어 버리겠지만, 그 영혼은 죽지 않고 살아 반드시 주님과 함께 부활하여 하늘나라에서 영원히 살게 될 것이라고 믿는 것이다. 그러니 달걀은 주님 부활 대축일의 의미를 잘 드러낸다고 할 수 있다. 더구나 둥그런 달걀은 시작도 끝도 없는 영원한 삶을 말해 준다. 또한 사순 시기 동안 금식과 금육을 지키면서 먹지 않았던 달걀을 그 시기가 끝나면 모두 함께 나눌 수 있어서, 서로 나누는 기쁨도 작지 않을 것이다.

어린양

우리는 미사 중에 "하느님의 어린양 세상의 죄를 없애시는 주님, 저희에게 자비를 베푸소서!" 하고 기도한다. 이 '하느님의 어린양'은 예

수님을 상징한다. 고대 이스라엘 사람들이 이집트를 탈출할 때 (파스카 축제) 어린양을 잡아 그 피는 그 집의 두 문설주와 상인방에 바르고, 그날 밤에 그 고기를 서로 나누어 먹었다. 그러면 어린양의 피를 바른 그 집은 재앙이 거르고 지나갔다. 어린양은 그렇게 사람들을 위해 자신을 희생하여 그 살은 사람들의 음식이 되고, 그 피는 죽음의 재앙에서 벗어나게 했다.

바오로 사도는 '파스카 양이신 그리스도께서 자신을 희생하셔서 세상을 구원하셨다'(1코린 5,7)고 말한다. 그러므로 우리는 "하느님의 어린양" 하고 노래할 때, 주님이 우리를 위해 희생하신 것을 기억해야 한다. 그래서 서양 사람들은 때때로 어린양 모양으로 빵을 구워 나누어 먹기도 한다.

그 외에도 애벌레에서 나비가 되어 자유롭게 날아다니는 '나비', 순결하고 고결함을 나타내는 '백합', 다산을 나타내는 '토끼' 등도 새로운 생명을 보여 주기에 부활을 상징한다.

103
성령 강림 대축일에는 무엇을 기뻐할까?

　부활 시기는 성령 강림 대축일로 끝난다. 주님 부활 대축일 이후 50일째 되는 오순절이 바로 성령이 하늘에서 내려 온 날이다. 주님 부활 대축일 날짜에 따라 성령 강림 대축일도 달라지는데 이 날은 항상 주일이다.

　주님 부활 대축일로부터 40일째 되는 날, 즉 성령 강림 대축일 10일 전날은 주님 승천 대축일이다. 이날은 주님이 하늘에 오르신 것을 기념하는 날로, 중요한 대축일 중 하나다.

　물론 이날을 계산해 보면 당연히 평일이기 때문에, 많은 신자들이 일하느라 성당에 올 수 없다. 그래서 성당에서는 이날을 뒤따라오는 주일로 옮겨 주님 승천 대축일을 지낸다. 교회는 그렇게 하늘에 계신 하느님 아버지에게 올라가신 주님이 세상 끝나는 날에 세상을 심판하러 다시 오신다고 믿는다. 그 전까지 신자들이 올바로 살아가게끔 하느님과 예수님은 성령을 보내시어 우리를 도와주신다.

　성령 강림 대축일은 이를 기념하는 날이다. 다시 말해 하느님에 대한 믿음을 세상 끝날 때까지 계속 지켜 나갈 수 있도록 도와주실 성령을 환영하는 날이다.

하느님 아버지와 예수님은 그렇게 성령을 통해 우리 곁에 함께 계신다. 그러니 우리가 성령을 받아들이지 못하면, 하느님과 예수님을 받아들이지 않는 것과 같다. 비록 우리 눈에 보이지는 않지만, 성령은 비둘기처럼 또는 불꽃 모양의 혀 모양으로 하늘에서 내려오셨다고 성경은 전한다.

성령을 받아들인 사람들은 하나로 모여 기도하게 되었고 그들이 '교회'를 이루게 되었다. 그래서 성령 강림 대축일은 '교회가 탄생한 날' 즉 교회의 생일이기도 하다.

성령은 성당에 있는 그림이나 벽화에서 자주 '비둘기'로 표현된다!

104
성체 행렬은 왜 할까?

예로부터 많은 성당에서는 초여름에 '지극히 거룩하신 그리스도의 성체 성혈 대축일'을 지내는 특별한 행사가 있다. 각 본당은 물론 때로 모든 본당이 함께 주교를 따라 이 행사를 열 수도 있다. 많은 사람들이 길게 행렬을 지어 길가나 순례지를 오랫동안 걸을 수 있다.

미사 때와 마찬가지로 제의를 입은 주교와 사제, 흰옷을 입은 수많은 복사단과 성가대가 줄을 맞춰 걸어간다. '성체'를 모신 번쩍이는 물건을 주교나 사제가 계속 손에 들고 걷는데, 이를 '성광'이라고 한다. 금처럼 번쩍거리게 한 것은 그만큼 귀한 '성체'가 그 안에 모셔져 있기 때문이다. 이 성광을 중심으로 어른들은 흰 천으로 천막을 만들어 함께 걸을 수 있다. 그 앞뒤로 복사들이 십자가, 향, 촛불, 꽃다발을 손에 들고 행렬한다.

성체를 모시고 행렬한다고 해서 이를 '성체 행렬'이라고 부른다. 주님의 몸을 모시고 거리를 행렬하는 것은 무엇을 뜻할까? 이 행렬의 역사는 750년이나 되었다고 한다.

믿는 이들뿐만 아니라 믿지 않는 이들을 위해서도 목숨을 바치신 예수님을 기억하기 위해 그렇게 성당 밖으로 나간 것이다. 또는 바빠서 성당을 찾지 못하는 사람들을 위해 예수님이 거리로 나서신 셈이다. 성체 행렬이 앞을 지날 때 사람들은 무릎을 꿇고 간단히 성호를 긋기도 한다.

주님의 몸 앞에서 존경하는 마음을 표현하고 믿음을 확인하는 것이다. 미사 때 받는 하느님의 은총과 강복이 성당 밖으로, 세상 곳곳으로 더 넓게 퍼져 나가기를 바라는 뜻이 이 행렬에 담겨 있다고 할 수 있다.

105
사람이 죽었을 때 어떤 기도를 바칠까?

    신자들은 장례식 때 시신을 조심스럽게 다루려 애쓴다. 죽은 사람을 위해 장례를 치르는 것도 신자들의 중요한 임무이기 때문이다. 이는 이웃을 위한 '자애로운 활동' 또는 '사랑의 봉사'에 속한다. 그래서 신자들은 죽은 사람과 그 가족들을 위해 기도(위령 기도)를 해 준다. 여럿이서 다 함께 또는 개별적으로 기도할 수 있다. 누군가의 무덤을 찾아가거든 조용히 기도드릴 수 있으며, 아래의 위령 기도문으로도 기도할 수 있다.

    "주님, 이 사람에게 영원한 안식을 주소서. 영원한 빛을 그에게 비추소서. 그와 세상을 떠난 모든 이가 하느님의 자비로 평화의 안식을 얻게 하소서. 아멘."

    이때 영원한 빛은 예수님을 가리킨다. 그래서 방금 바친 기도는 '이 세상을 떠난 사람이 예수님의 도움으로 부활하여 예수님 곁에 항상 머무를 수 있도록 해 주세요. 그러면 이 사람도 무척 좋아할 것입니다.'라는 뜻일 것이다.

'연도'가 '위령 기도'로 표기가 바뀌었다!

이 세상에서 보속(죄로 인한 나쁜 결과를 보상하는 일)을 다하지 못하고 죽은 사람은 천국에 들어갈 때까지 연옥에서 정화의 과정을 거쳐야 하는데, 이때 고통 중에 있는 연옥 영혼을 위해 하는 기도를 위령 기도라고 한다.

연옥에 있는 영혼은 스스로 천국에 올라갈 수도 없고 연옥의 고통을 덜 수 없기 때문에 이 세상에 있는 교우들이 기도와 희생으로 그들이 빨리 천국에 오르도록 기도해야 한다.

위령 기도는 시편(50편, 62편, 129편)과 기도문으로 되어 있다. 죽은 이를 위해 기도하는 방법은 한국 천주교 주교회의에서 발간한 《상장 예식》을 보면 된다. 이 책에는 임종 때 어떻게 기도해 줄 것인지에서 장례 때 어떻게 기도할 것인지까지 다 수록되어 있다.